O ANIMAL COMO SÍMBOLO NOS SONHOS, MITOS E CONTOS DE FADAS

Dados Internacionais de Catalogação na Publicação (CIP)
(Câmara Brasileira do Livro, SP, Brasil)

Bachmann, Helen I.
　O animal como símbolo nos sonhos, mitos e contos de fadas / Helen I. Bachmann ; tradução de Vilmar Schneider. – Petrópolis, RJ : Vozes, 2016. – (Coleção Reflexões Junguianas)

　Título original : Das Tier als Symbol in Träumen, Mythen und Märchen
　Bibliografia.

　2ª reimpressão, 2023.

　ISBN 978-85-326-5334-5

　1. Animais 2. Contos de fadas 3. Psicologia 4. Símbolos 5. Sonhos I. Título. II. Série.

16-07011　　　　　　　　　　　　　　　　　　　　　　CDD-150

Índices para catálogo sistemático:
1. Animais : Símbolos : Psicologia   150

Helen I. Bachmann

O ANIMAL COMO SÍMBOLO NOS SONHOS, MITOS E CONTOS DE FADAS

Tradução de Vilmar Schneider

EDITORA VOZES

Petrópolis

© 2014 Patmos Verlag der Schwabenverlag AG, Ostfildern

Tradução do original em alemão intitulado *Das Tier als Symbol in Träumen, Mythen und Märchen*

Direitos de publicação em língua portuguesa:
2016, Editora Vozes Ltda.
Rua Frei Luís, 100
25689-900 Petrópolis, RJ
www.vozes.com.br
Brasil

Todos os direitos reservados. Nenhuma parte desta obra poderá ser reproduzida ou transmitida por qualquer forma e/ou quaisquer meios (eletrônico ou mecânico, incluindo fotocópia e gravação) ou arquivada em qualquer sistema ou banco de dados sem permissão escrita da editora.

CONSELHO EDITORIAL

Diretor
Volney J. Berkenbrock

Editores
Aline dos Santos Carneiro
Edrian Josué Pasini
Marilac Loraine Oleniki
Welder Lancieri Marchini

Conselheiros
Elói Dionísio Piva
Francisco Morás
Gilberto Gonçalves Garcia
Ludovico Garmus
Teobaldo Heidemann

Secretário executivo
Leonardo A.R.T. dos Santos

Editoração: Gleisse Dias dos Reis Chies
Diagramação: Sheilandre Desenv. Gráfico
Revisão gráfica: Nilton Braz da Rocha
Capa: Omar Santos
Ilustração de capa: Mandala produzida por uma paciente de Jung e reproduzida por ele em *Os arquétipos e o inconsciente*, vol. 9/1 da Obra Completa. 5. ed. Petrópolis: Vozes, 2007, p. 341, nota 182.
Arte-finalização: Editora Vozes

ISBN 978-85-326-5334-5 (Brasil)
ISBN 978-3-8436-0478-9 (Alemanha)

Este livro foi composto e impresso pela Editora Vozes Ltda.

Sumário

Introdução, 7
A vaca, 13
    A vaca na linguagem, 19
    A vaca na mitologia, 22
    A vaca como símbolo no sonho, 26
    A vaca nos contos de fadas: A vaquinha da terra, 29
O cão, 47
    O cão na linguagem, 49
    O cão na mitologia, 52
    E o lobo?, 58
    O cão como símbolo no sonho, 61
    Cães famosos, 65
A abelha, 69
    Os produtos das abelhas, 71
    A abelha na linguagem e como animal heráldico, 75
    A abelha na mitologia e na religião, 78
    O mel como símbolo, 82
    A abelha como símbolo no sonho, 83
O cavalo, 85
    O cavalo na linguagem, 90
    O cavalo na mitologia, 91
    O cavalo como símbolo no sonho, 96
    O cavalo nos contos de fadas: A moça dos gansos, 97
    Cavalos famosos, 110
A galinha, 112
    A galinha na linguagem, 115
    A galinha como símbolo, 118

O ovo na mitologia, 124
O galo como símbolo no sonho, 128

O porco, 131
    O porco na linguagem, 133
    O porco na mitologia e na religião, 136
    O porco como símbolo no sonho, 146
    Porcos famosos, 146

O gato, 148
    O gato na linguagem, 152
    O gato na mitologia e na religião, 153
    O gato como símbolo no sonho, 158
    O gato nos contos de fadas: O pobre aprendiz de moleiro e a gatinha, 162

A serpente, 174
    A serpente na linguagem, 178
    A serpente na mitologia, 180
    A serpente como símbolo e imagem onírica, 187
    A serpente na saga: A menina serpente, 192

O jumento, 197
    O jumento na linguagem e na literatura, 200
    O jumento na mitologia e nos contos de fadas, 202
    O jumento como símbolo no sonho, 205

O pássaro, 210
    O pássaro na linguagem, 213
    O pássaro na mitologia e como símbolo, 215
    O pássaro como símbolo no sonho, 223
    O pássaro nos contos de fadas: Os sete corvos, 224

O urso, 235
    O urso na linguagem, 237
    O urso na mitologia e nos contos de fadas, 239
    O urso como símbolo na história e no sonho, 243
    O urso de pelúcia Teddy, 245

Conclusão, 257

Referências, 259

Notas bibliográficas, 263

Introdução

Os animais estão por toda a parte. Estão ao nosso redor e como imagens interiores dentro de nós. Vivemos com os animais e dos animais. Eles já estavam na Terra antes de nós. Durante a evolução humana, diversas espécies de animais se tornaram animais domésticos e se revelaram companheiros e auxiliares indispensáveis. Por isso, eles desfrutam de uma especial proximidade conosco.

Desde a infância os animais nos fascinam, quando apontamos no primeiro livrinho cartonado para o au-au ou a vaca mu, imitamos suas vozes e memorizamos sua forma. Quem sibilava talvez se recorde das frases da porquinha Susi, que se estendia agradavelmente ao sol com suas sete irmãs: "Sete simpáticas suínas insolam ao sol".

Nossa tecnologia não seria concebível sem a força dos cavalos, que movimentaram as máquinas no início do desenvolvimento industrial. E, ainda hoje, as móis que trituram os grãos dos cereais são movidas por jumentos andando em círculos; com seu auxílio, bombeia-se água; com bois e cavalos, lavram-se os campos; sobre o lombo de animais e com carretas puxadas por eles transportam-se mercadorias.

Durante milhares de anos, desde os tempos em que os seres humanos se alimentavam de animais caçados, cobriam-se com peles de animais e compartilhavam suas habitações nas cavernas com os primeiros animais domésticos, inculcamos experiências com animais, guardadas em cada indivíduo como uma memória humana coletiva. Dela faz parte tanto o significado material-terreno como o religioso-material do animal. Muitas narrativas tratam dos animais e da sua estreita relação com as pessoas, e até hoje seus vestígios se encontram nitidamente na linguagem corrente. Agitados como galinhas, cansados como cães ou caprichosos como gatos somos também nós, seres humanos. A uma cama chamamos de ninho e imaginamos a proteção na forma arredondada sob os ramos noturnos.

Muitas crianças desejam ansiosamente ter um animal de estimação. Elas brincam com figuras de animais – aconchegantes, perigosos, fortes e meigos, astutos e simples, divertidos e pensativos – que são seus amigos. Em seus livros infantis encontram animais maravilhosos, que sabem falar e fazem coisas admiráveis.

Inclusive as sagas e os contos de fadas – histórias que, no passado, muito antes de serem compiladas, anotadas e adaptadas para os ouvidos infantis, faziam parte do acervo narrativo dos adultos – tratam de animais que acompanham o herói ou a heroína, com boas ou más intenções.

Sobretudo, porém, são os mitos do mundo que refletem o significado central dos animais para os seres humanos dos tempos antigos. Pois, antes de explicar os fenômenos da natureza com base no conhecimento científico, o ser humano recorria às suas experiências imediatas. Delas ele derivava as concepções que o auxiliavam a explicar o mundo. Desse modo ele presumia, por exemplo, nas tempestades com raios e trovões, um princípio da violência que atentava contra a sua vida; no entanto, ao encontrar abrigo seguro em uma caverna, experimentava a proteção na forma de um invólucro maternal. Nessa época, as cavernas frequentemente eram lugares sagrados, dedicados às divindades maternas.

De modo semelhante o ser humano vivenciava os animais. Ele os caçava, mas no ambiente selvagem era pessoalmente caçado, dilacerado, picado ou envenenado por eles. Por outro lado, em um animal, como, por exemplo, a vaca – tranquila e meiga, que aquece e dá leite, da qual tudo se aproveita, inclusive os chifres e o esterco –, o ser humano primitivo identificou um protótipo de pura benevolência e a venerou como uma divindade materna. Em sua concepção, a vaca adquiriu um significado tão abrangente que superou a sua maternidade provedora meramente terrena e material, alcançando uma posição de deusa celeste. Assim, por exemplo, os egípcios veneravam na deusa Hator a vaca como uma mãe cósmica que estendia seu corpo, tal qual a abóbada celeste, sobre toda a terra. Ela cuidava para que houvesse dia e noite, pois enviava pela órbita celeste o disco solar que portava entre os seus chifres. Tão grande era o poder de Hator que de um esguicho do seu úbere teria surgido a Via Láctea. Em representações antigas, Hator aparece como uma vaca majestosa. Posteriormente, sua imagem transforma-se na figura materna que traz na cabeça chifres de vaca com o disco solar, a deusa Ísis.

Essa e muitas outras concepções e imagens antigas não se perderam no decorrer do desenvolvimento do ser humano, mas subsistem em nós, ainda que, em geral, sejam inconscientes e estejam sobrepostas por outras imagens. Como imagens primordiais, elas fazem parte dos arquétipos descritos por C.G. Jung. Embora repousem completamente despercebidas na psique, são recuperáveis e podem se tornar ativas, quando tocadas, em determinadas situações existenciais, por um tema pessoalmente íntimo: Subitamente somos surpreendidos com a imagem de um animal. Ela aparece espontaneamente inundando nossas fantasias, imaginações e sonhos ou os quadros que pintamos. Ela nos surpreende, e precisamos nos perguntar o que tem a ver conosco, o que quer de nós. O que quer nos dizer a imagem de um animal? Isso é de interesse geral. Especial importância, contudo, essa imagem se adquire no interior de um processo terapêutico analítico, pois ali se pergunta pelo seu significado pessoal. Pode uma imagem de animal que emerge do inconsciente contribuir para entender melhor um problema, para explicar uma situação da vida do indivíduo?

Uma imagem onírica ou outra imagem intrapsíquica que aparece espontaneamente pode ser entendida como um símbolo, como a expressão de uma interação energética intensa. Isso significa que, por exemplo, a vaca como um símbolo onírico é muito mais do que a vaca real do cotidiano, que pasta lá fora. Como uma aparição onírica, ela possivelmente mexe com o princípio arquetípico abrangente do materno, que aqui evoca um contexto especial e se torna uma questão. Uma imagem simbólica espontânea manifesta com frequência algo que, a partir de nós, desconhecemos completamente, que não ou ainda não conseguimos exprimir em palavras. Em seu ensaio "A aplicação prática da análise dos sonhos" (OC 16, § 294-352), Jung adverte expressamente para uma interpretação precipitada. Quando a imagem simbólica existe, pode ser entendida como uma ponte entre o inconsciente e o consciente, entre o inconcebível e o concebível. Nesse caso, pode-se levá-la em consideração e estabelecer uma relação com ela, examiná-la e ponderar o seu sentido.

Uma vez que o animalesco no ser humano tem a ver, em geral, com a esfera instintiva ou impulsiva, não é raro que esteja relacionada com a vergonha. Muitas vezes, ele não cabe no quadro das convenções sociais e, por isso, sucumbe à repressão. Porque não se consegue ser tão cândido e direto consigo mesmo como o é um animal. Nossas moções pulsionais sucumbem a um controle mais ou menos rígido. Rolar tão prazerosamente na lama como um porco – em outros termos, simplesmente deixar-se levar e sentir-se super bem – é algo que dificilmente a nossa compostura permite.

Neste livro, trata-se não só de falar dos animais como símbolos, mas também dos animais como seres naturais, visto que essa abordagem ajuda a entender a sua natureza. Certo conhecimento das características biológicas, do comportamento e do caráter dos animais contribui essencialmente para compreender inclusive o simbolismo de uma imagem de animal. Para quem nunca esteve em um estábulo, não sentiu o cheiro do leite e do esterco, nem vivenciou o calor aconchegante e o mastigar rítmico e tranquilizador da ruminação, certamente não é fácil se sentir no ambiente próprio da vaca e imaginar o que, no passado, fez dela uma deusa-mãe.

A interpretação de imagens simbólicas requer, especialmente na situação psicoterapêutica, um procedimento diferenciado e cauteloso. Deve-se evitar, portanto, o que é proposto com frequência em obras sobre esse tema, a saber, reduzir o animal a um único significado simbólico. As considerações sobre os animais e as descrições dos símbolos apresentadas neste livro devem, portanto, ir muito além e ser compreendidas preferencialmente como um estímulo e não como uma definição, ou seja, um estímulo para continuar, por conta própria, a busca pelos conteúdos dos significados.

A interpretação psicoterapêutica de um símbolo de animal está, em última instância, estreitamente ligada à natureza, às circunstâncias da vida, ao conjunto do ambiente de vida do indivíduo que se depara com a imagem de animal, e, somente neste contexto, pode-se procurar pelo seu significado no caso particular. Desse modo, a atenção deve estar voltada também para a transformação da aparição de um animal, quando ela se repete durante vários sonhos ou em outras formas de expressão.

Diante dessa riqueza de matizes é indispensável ter à mão todo um leque de possíveis interpretações. Na Psicologia Analítica recorre-se à assim chamada amplificação, ou seja, as imagens simbólicas são consideradas em um contexto abrangente e submetidas a uma comparação intercultural, com o objetivo de filtrar daí o respectivo significado mais adequado.

Neste livro pretende-se ainda ampliar o olhar, pensar para além da primeira alternativa que se apresenta e colocar as questões de modo diferenciado.

 A vaca

Num estábulo é quente. Cheira a palha revolvida recentemente, e durante a ordenha mistura-se à névoa do estábulo o cheiro de leite quente. No passado, os camponeses ou as camponesas ordenhavam sentados em uma banqueta de madeira, com a cabeça apoiada no corpo do animal. O leite espumava em jatos rítmicos dentro do balde. E para que a transição de uma vaca para outra fosse um pouco mais rápida e se pudesse sentar logo de novo quando a próxima estava na vez, quem ordenhava trazia a banqueta amarrada ao próprio corpo. Os gatos passavam rente aos baldes de leite. E, se o camponês estivesse bem-humorado, dizia para a criança que assistia: "Abre a boca". E ele mirava com um esguicho de leite, tentando acertar bem no meio da boca. Em um canto do estábulo estava o lugar destinado ao bezerrinho recém-nascido. Ele estava perto da mãe que o guardava com olhos atentos. O pelo dos bezerrinhos frequentemente estava encaracolado e úmido, porque as mães o lambiam.

A cena descrita acima só acontece atualmente nas pequenas fazendas, pois nas empresas agrícolas modernas as vacas são abastecidas mecanicamente por um sistema robotizado; todas as atividades – estrumar, alimentar e ordenhar – são executadas automaticamente. Desse modo, o homem integra os animais na cadeia operacional da indústria alimentícia, cujos produtos finais encontram-se nas prateleiras dos supermercados em embalagens cartonadas ou plastificadas. Nas cidades, há pessoas que não conhecem mais a origem real da bebida branca que chamam de leite ou do pedaço de carne embalado.

Há cerca de 8.000 anos, juntamente com outros bovídeos, como cabras e ovelhas, a vaca acompanha o ser humano. Ela teria descendido do gado selvagem das estepes da Ásia Menor. A hipótese de sua procedência a partir de auroques domesticados não se mostrou plausível depois de recentes investigações em esqueletos. Auroques, bisãos-europeus ou bisãos-americanos são outros animais ruminantes.

A família do grande ruminante ou artiodátilo consiste de vaca, touro, novilho e bezerro. Um touro castrado é um boi. Como novilha ou bezerra designa-se uma vaca jovem que ainda não deu cria e, por isso, tampouco dá leite. Até a idade de 24 meses, os machos jovens se chamam touros jovens. Na Suíça, conhece-se ainda o "Muneli", o touro jovem que ainda não atingiu a maturidade sexual.

Depois que a vaca teve seu primeiro bezerro, pode-se prolongar artificialmente sua lactação, a formação do leite, ordenhando-a continuamente. O mesmo funciona também com as cabras, as ovelhas ou as fêmeas dos camelos, as lhamas ou até com as éguas.

No idioma alemão, as designações de família como vaca, touro e bezerro são aplicadas também a outros animais ruminantes, como, por exemplo, o cervo, o búfalo, o zebu, o bisão, o iaque, e até para animais que nada têm a ver com os ruminantes, como os elefantes e as aliás, que dão crias na qualidade de "Elefantenkühe" [lit.: "vacas-aliás"] e têm como parceiro um "touro". Isso ocorre também no caso dos rinocerontes e dos hipopótamos, bem como dos cetáceos e dos pinípedes. Por outro lado, no caso de animais ruminantes menores, como, por exemplo, as cabras, as ovelhas, as cabras-montesas, as corças ou os antílopes, são correntes termos como "cabra", "cabrito" e "bode". Já no caso de outros animais ruminantes, como os camelos, as lhamas e as vicunhas, fala-se, inconsequentemente, como no caso do cavalo, de "égua", "potro" e "garanhão".

A vaca se alimenta, como todos os animais ruminantes, exclusivamente de plantas, de grama e de feno.

O ato de ruminar, para o qual a vaca precisa muito tempo e sossego e por isso fica deitada, é realizado com um estômago especial, cujos compartimentos realizam o trabalho digestivo com o auxílio de micro-organismos. Ao pastar, as plantas são mastigadas apenas grosseiramente e engolidas, de modo que o alimento ainda precisa ser processado. Nesse processamento, aproveita-se energeticamente inclusive a celulose, a qual é indigesta para outras espécies de animais. Ou seja, comparado com o que a vaca fornece em produtos, ela é um animal muito modesto. Durante o processo digestivo, o alimento sobe em pequenas porções novamente para a cavidade da boca e é mastigada e engolida de novo.

Unicamente de grama, portanto, surge o leite que é processado em tantos produtos: em leite gordo, leite magro, leite coalhado, queijo e soro de leite, em nata, manteiga, iogurte e kefir.

No entanto, as vacas e os membros da sua família, sobretudo os novilhos e os bezerros, fornecem muito mais: como animais de abate provêm carne, pelos e peles. Desse modo, elas não apenas enriquecem o cardápio, mas são indispensáveis também para as indústrias de processamento de couro, os fabricantes de móveis, bolsas e sapatos. Dependendo da espécie, utilizam-se inclusive os seus pelos, quando se pode entretecê-los na forma de fios. E não se devem esquecer os valiosos chifres.

Da vaca tudo se aproveita; até o esterco é valioso. Excrementos de vaca secos são usados como material para a queima nos locais em que há pouca madeira, e misturados com argila servem à produção de telhas empregadas na construção de casas. E, claro, o esterco da vaca é um fertilizante efetivo para as lavouras e os jardins.

Devido à estreita relação com a vaca e com outros animais leiteiros, o ser humano ocidental desenvolveu uma compatibilidade com o leite, a assim chamada tolerância à lactose. Trata-se, nesse caso, de uma mutação genética que torna o ser humano capaz de desfrutar, inclusive quando adulto, de grandes quantidades de leite, sem ficar doente em decorrência disso. É provável que esse desenvolvimento tenha ocorrido desde o Neolítico; os cientistas presumem que se trate de uma adaptação do ser humano às proteínas de origem animal de mais fácil acesso. Com o passar do tempo, tornou-se mais cômodo ordenhar e beber leite do que caçar o importante alimento à base de proteína.

Originalmente, porém, beber leite é algo reservado aos recém-nascidos e às crianças. Um novilho cresce quatro vezes mais rápido do que um menino humano; o leite de vaca é mais rico em proteína e em sal, mas é mais pobre em açúcar do que o leite materno humano, aquele precisa ser diluído para o consumo da criança humana. Contudo, todos nós, também os adultos, aprendemos a beber e a digerir leite, ao contrário, por exemplo, dos chineses, que não demonstram tolerância à lactose. É por isso que na cozinha chinesa tradicional não se encontra nenhum produto lácteo.

No Hemisfério Norte, desde sempre se apreciou a manteiga. Em regiões frias, o organismo humano precisa de gordura. No Hemisfério Sul e em alguns países orientais, em que frutas como sésamo e olivas provêm o óleo para a gordura, a manteiga foi empregada nos cuidados com a pele e aplicada nas articulações.

Na Bulgária inventou-se o ya-urt, o iogurte, o leite fermentado, cujo consumo promete longevidade, um conceito associado a ele e, pelo visto, cientificamente justificado desde que o biólogo Metschnikow analisou as valiosas bactérias ácido-lácticas.

Porém, a vaca fornece mais uma coisa: força física e calor corporal. Antes que os camponeses ficassem ricos e pudessem adquirir bois de tração ou cavalos e mais tarde tratores, as vacas eram jungidas ao arado para o trabalho no campo.

Quem treme de frio, esfrega as mãos enrijecidas e diz: "Agora, porém, nada melhor do que ir para casa, para o estábulo quente". No passado, homens e animais viviam em estreita união sob o mesmo teto, muitas vezes até sem separação entre os cômodos da residência. E, em regiões rurais afastadas, essa forma de moradia existe até hoje. Perto das vacas sempre está quente.

Essa estreita relação entre as vacas e os camponeses fica evidente, entre outras coisas, no fato de que – ao menos nas pequenas fazendas – elas recebem nomes. Muitas vezes, são denominadas pelas suas cores: Bruna, Bianca, Rosa, Manchada, Pintada ou Malhada, e similares. Nas montanhas elas andam mansamente sobre os campos de verão, até que bem no alto sob os rochedos se consegue discerni-las apenas como pontos claros ou escuros. Na planície, como no norte da Alemanha ou na Holanda, frequentemente se observam as vacas

Holstein, malhadas de preto e branco, em uma grama abundante sob um céu nublado sem fim.

Quem se ocupa ou lida diretamente com as vacas sabe que elas reagem com grande sensibilidade a qualquer falta de tato. Imagina-se que possam reter o leite caso o ordenhador as trate com antipatia.

Os masai, no Quênia, um povo de pastores, empregam o seguinte estilo de saudação: "Eu espero que as tuas vacas estejam bem!" Para eles, ser dono de vacas significa vida. Eles se alimentam de uma mistura de leite e sangue, já que também sangram seu gado.

Na Suíça, atribui-se à vaca inclusive um significado político. Os camponeses que tinham na vaca sua fonte de subsistência e que, como pastores, viviam nas regiões elevadas distantes dos povoados e lidavam largamente com queijo podiam movimentar-se sem restrições, livres do domínio dos senhores feudais, e desenvolver aquele espírito que os tornou capazes de se libertarem definitivamente dos Habsburgos e, em 1291, fundar a Confederação Suíça. É assim que o historiador H.G. Wackernagel descreve, em um pequeno ensaio, o papel da natureza dos pastores na constituição do Estado Suíço. Por isso, as vacas gozam de grande admiração. Conhecidos fotógrafos suíços fizeram das vacas tema de suas fotos. Theo Frey, por exemplo, ou Paul Senn. Em seus trabalhos, aparece uma vaca-guia enfeitada que cheira suavemente a mão de seu dono, antes do trem partir. Outra vaca aparece cuidadosamente envolta em cobertores e deitada sobre a palha da cama; ela é conduzida para o vale em um trenó, porque está doente. E ao lado de suas vacas em pastagens bem elevadas os camponeses ajoelham e rezam por boas condições no início do verão montanhês.

Giovanni Segantini, que viveu por último em Maloja, na Engadina, pintou no final do século XIX alguns quadros com vacas, que retratam a estreita relação entre o ser humano e o animal. Ao lado de grandes paisagens simbólicas com vacas, cenas cotidianas revelam o forte apego entre o homem e o animal. Assim, uma camponesa aparece cuidando de uma vaca que talvez esteja doente. Ela se instalou no estábulo e segura no colo seu filho adormecido. Outra camponesa colocou sua roda de fiar no estábulo para passar a noite aguardando junto com a vaca o nascimento do bezerrinho.

A vaca na linguagem

Goethe e Schiller, nos seus versos irônicos, os Xenien, denominam a ciência uma vaca: "Para um, ela é a deusa elevada e celeste; para o outro, uma vaca produtiva que o abastece de manteiga" (n. 62). Isso se aplica exatamente da mesma forma para a vaca real: ela é sagrada e terrena.

Quando, hoje, faz-se referência a uma "vaca sagrada", imagina-se ironicamente um ídolo ou também um estado de coisas que não se deve tocar. Toma-se conhecimento do que para os outros se tornou uma conclusão. A utilidade terrena da vaca se expressa nos provérbios dos camponeses: "No caso da vaca, pode-se fazer a colheita três vezes: leite, bezerros e esterco". Assim se diz na Suábia. Ou: "Uma vaca encobre toda a pobreza".

Como "vaca estúpida" e "boba" insulta-se com gosto uma mulher com a qual a pessoa se aborreceu ou à qual rejeitou por motivos pessoais.

Diz-se que a vaca arregala os olhos, e assim também arregala os olhos uma pessoa incrédula ou boba: "Ele ou ela arregala os olhos como uma vaca". O olhar arregalado, fixo, parado – nessa situação, o olho da vaca é belo, frequentemente cingido por longos cílios. No Olimpo grego, o olhar de vaca é um ideal de beleza e um sinal de distinção das deusas.

Ela é proveniente de um "Kuhdorf" [lit.: "povoado de vaca"]. Com isso, um arrogante morador da cidade acusa a pessoa de ser provinciana e carente de intelectualidade e formação. De modo sexista, alguns homens falam do "potencial leiteiro" das mulheres fazendo alusão aos seios fartos. Um "garotinho de leite" é aquele que já é grande, mas que ainda tem um comportamento inteiramente dependente, agindo como um neném, um filhinho da mamãe: Ele é mimado e quer ficar onde mana leite e mel.

A expressão "Das geht ja auf keine Kuhhaut!" [lit.: "Isso não vai/não cabe em nenhuma pele de vaca!"], é uma exclamação indignada no caso de circunstâncias desarrazoadas. No passado, quando ainda se escrevia em pergaminhos feitos de pele de vaca, havia diversas lendas em torno dessa expressão. Por exemplo, um dia o diabo estaria anotando os pecados dos membros da comunidade para serem lidos no juízo final. Um sacerdote viu o diabo esticando vigorosamente o seu pergaminho, que, pelo visto, não lhe era suficientemente grande para registrar todos os malfeitos. Obviamente, ele estava interessado em incluir a maior quantidade de pecadores possível em sua pele de vaca. No entanto, sob a influência do sacerdote, a comunidade corrigiu-se, mostrou sincero arrependimento pelos seus pecados, e o diabo teve de apagar novamente o que havia escrito. Dessa lenda dá testemunho um afresco do século XIV, na Igreja de São Jorge, em Reichenau (Oberzell).

A brincadeira da vaca-cega [no Brasil, cabra-cega], que no Rococó era um jogo social picante e popular entre os adultos e ainda hoje é praticada esporadicamente pelas crianças, possibilita o tocar provocante e o pegar erótico, justamente porque os olhos estão cobertos e não se sabe onde se vai parar por ocasião do tatear atrevido. De que outra maneira explicar a gritaria que a acompanha e também o prazer em assisti-la?

Na Suíça, a expressão "Aqui é escuro como o estômago de uma vaca" se refere ao significado materno terreno da vaca. No ventre da mãe, é escuro antes que se veja a luz do mundo. A escuridão no estômago da vaca representa as trevas misteriosas de que todos procedem. Por outro lado, o elemento que caracteriza a vaca pode ser delicado e claro como as asas de um besouro, por exemplo, quando o "Marienkäfer" [lit. o "besouro de Maria"] – a joaninha – torna-se, em designações alemãs antigas, a "Marienkuh" [lit.: "vaca-Maria"], o "Sonnenkälbchen" [lit.: "bezerrinho do sol"] ou a "Herrgottskühlein" [lit.: "vaquinha do Senhor Deus"]. A joaninha dos sete pontos, malhada como uma vaca, sai voando, busca bom tempo e auxilia os camponeses a combater as pragas. Aqui a sabedoria camponesa confunde-se com a adoração de Maria. Como mãe do Filho de Deus, Maria estabelece a ligação entre o céu e a terra. E, assim como ela, faz também a joaninha, que sai voando da terra em direção ao sol.

O fato de que aqui a vaca, como animal altamente venerado, tornou-se a imagem de Deus e, ao mesmo tempo, é designada em nosso círculo cultural predominantemente como obtusa, pesada, não dinâmica e boba, só pode estar relacionado com a realidade de que nela se corporifica principalmente o significado material da terra, o peso da vida terrena, a mãe-terra, a energia criadora terrena: a deusa-terra. É ela que doa e mantém, protege e aquece a vida. Ao contrário do simbolismo ambivalente do touro, à vaca corresponde, nesse sentido primário relacionado à terra, exclusivamente um significado positivo.

A vaca na mitologia

No princípio era a vaca. Em um mito da criação nórdico, uma vaca é a primeira criatura a emergir do caos: a vaca Audumbla, a vaca rica em leite. Primeiro, dela se alimenta o gigante Imer. Em seguida, com sua língua áspera, ela lambe da pedra salgada e gelada o belo e forte homem Búri, o patriarca dos deuses. Não é nenhum touro que surge do caos, mas uma vaca, uma poderosa vaca-mãe. O caos que dá à luz a partir de si mesmo é feminino; ele cria primeiro o feminino.

Também na Índia a vaca é um animal sagrado. Ela se chama Prithivi Mata. Mata remete para os termos mater ou mãe e matéria. Na vaca diviniza-se o princípio da vida terrena. E, com esse significado, ela é considerada a-que-não-se-deve-matar. Jamais um hindu abateria uma vaca, muito menos comeria sua carne, pois a vaca não faz mal a ninguém, ela é o epítome do não prejudicar. Ela corporifica a pura benevolência e, como realizadora de desejos, derrama suas dádivas a partir de cornucópias.

A vaca protege além dos vivos também os mortos, pois os auxilia na transição para o reino dos mortos. E quando, por exemplo, o rio da morte está cheio de crocodilos, o moribundo tem de segurar a vaca pelo rabo, para que ela o puxe são e salvo para a outra margem. Nessa concepção, a vaca se torna a companheira das almas; ela conforta os moribundos tirando-lhes o medo dos espíritos desconhecidos do reino dos mortos. A vaca nunca desiste da sua tarefa maternal, ainda que participe da destruição da vida. Na forma da deusa-terra, ela abrange todo o círculo da existência com sua mudança natural entre o nascimento e a morte.

Os três principais deuses indianos, Shiva, Vishnu e Krishna, constituem uma trindade e, muitas vezes, são correspondentemente representados em uma criatura tricéfala. Como forças fundamentais do universo, elas se condicionam mutuamente e corporificam os princípios da criação, da manutenção e da destruição.

Krishna é o que está mais próximo da terra. Ele age como mantenedor de todas as coisas e de todos os seres. Ele toma conta da vaca e toca a flauta dos pastores.

A santidade desses princípios quanto a sua pureza e a sua coerência bem como a veneração da vida intocável na imagem da vaca não sofrem nenhuma desvalorização efetiva através da expressão usual no Ocidente: "vaca sagrada".

Também nos mitos da Grécia antiga encontram-se inúmeras vacas e touros. Deuses manifestam-se em forma de animais ou, dependendo da situação, transformam-se em animais. É especialmente Zeus que gosta desse jogo de transformação, sobretudo quando assume a forma de animal para se relacionar com mulheres humanas. Inclusive seres humanos são transformados em animais, quando a sua forma tem de ficar oculta. Assim surge uma transformação e uma integração duradoura e multicolor de seres míticos. Em Creta, por exemplo, nasceu o Minotauro, um ser híbrido de ser humano e touro, que uma rainha apaixonada concebeu de um touro divino.

No topo do céu olímpico está Hera, a deusa com "olhos de vaca". Como esposa de Zeus, ela é a deusa da casa que, como guardiã do matrimônio, procura colocar ordem tanto nas relações olímpicas quanto nas terrenas. Diz-se que ela é dada a escarcéus e desforras por causa de ciúmes, o que não surpreende diante das escapadelas eróticas insaciáveis de seu marido. Talvez, porém, ela fosse – no intuito de reabilitar um pouco a Zeus – como esposa de fato ligada demasiadamente à esfera maternal e terrena. Zeus tinha de escapar repetidamente de sua ira ciumenta. Para Leda, ele se transforma em um cisne; e, na forma de um touro, ele sequestra a bela menina Europa.

Da pior forma, porém, os deuses se relacionam com a bela Io. Ela teria sido uma ninfa belíssima ou, de acordo com outra interpretação, uma sacerdotisa de Hera. Quando se apaixona por Io e a violenta, Zeus é flagrado por Hera. Sem cerimônias, ele transforma Io – que está deitada debaixo dele – em uma vaca, afirmando que ela teria acabado de surgir da terra e saído debaixo dele. Hera exige a bela vaca para si, prende-a e a coloca sob a vigilância do seu guardião Argos com seus cem olhos. Acontece, então, que Hermes se intromete e, compadecido da menina transformada, adormece Argos matando-o em seguida. Assim, liberta-se a vaca-Io que foge desorientada.

Diante disso, Hera fica muito aborrecida. E depois de usar os olhos de Argos para adornar o longo rabo de penas do seu pássaro sagrado, o pavão, ela sai ao encalço de Io. E ainda envia um moscardo para perseguir a pobre vaca por todo o mundo levando-a à loucura. Quando, enfim, Io sucumbe mugindo lastimosamente no Egito, Zeus pede clemência para Hera.

Io recebe de volta sua forma humana e dá a Zeus um filho, chamado Épafo. Posteriormente, este teria sido rei do Egito e construído a cidade de Mênfis. A passagem marítima, pela qual Io fugiu da Europa para a Ásia, ainda hoje se chama Bósforo, a "passagem da vaca".

E inclusive o Mar Jônico, em cujas praias Io perambulou, recebeu esse nome em alusão a ela. Assim descreve Apolodoro, um erudito de Atenas.

Diante de tamanha importância, não surpreende que a vaca ensejasse inclusive o surgimento de cidades. Um exemplo é Troia. Quando Ilo, esposo de Eurídice, ganhou uma vaca em uma competição, o oráculo consultado lhe aconselhou: "Onde a vaca se estabelecer construa uma cidade." Assim surgiu a cidade de Ilion, mais tarde chamada de Troia.

A associação mítica entre beleza, olho e vaca teria inspirado inclusive o biólogo Carl von Linne a dar para a borboleta-pavão o nome latino de Vanessa Io.

No antigo Egito, a vaca goza de grande veneração na figura da deusa celeste Hator. Ela tem grande importância por toda a parte. Como deusa-vaca ela se confunde, conforme a região e a popularidade, com a deusa Nut e, mais tarde, com Ísis, que aparece em forma humana, mas que traz os chifres de vaca na forma de uma coroa envolvendo o disco solar.

Com esse aspecto divino, o significado da vaca é elevado do peso ctônico para a dimensão cósmica. Porque como Hator, vaca celeste ou também morada do céu, ela envolve o cosmos. Toda manhã, Hator faz nascer novamente o sol e o envia em sua órbita pelo céu, para que traga a luz e o calor, e ao cair a noite ela o conduz de volta para o seu corpo. Desse modo, ela se curva pessoalmente como um arco celeste sobre a criação.

Dessa maneira está dada a imagem mais abrangente da vaca como alimentadora do mundo, mantenedora e protetora cósmica: o eterno movimento circular de morte e gênese.

Inúmeros elementos dos mitos egípcios afluíram na mitologia cristã posterior, permitindo assim transferir facilmente o significado da grande mãe mítica na forma de Ísis para a Maria cristã. Ambas corporificam tanto a maternidade doadora de leite e ligada à vaca como a potência espiritual das deusas celestes.

No entanto, esse breve olhar sobre o simbolismo da vaca ficaria totalmente incompleto se deixasse de apontar, ao menos concisamente, para os seus aspectos negativos e obscuros. Há também a vaca preta, que traz o mal ou a morte. Inclusive esse aspecto pertence à imagem da grande mãe; ela concede a vida, mas também a toma de volta, como evocado no ritual de sepultamento: "Da terra vens, para a terra retornas". Em ilustrações antigas, a morte vem às vezes montada em uma vaca, como se pode observar, por exemplo, em um missal do século XIV (Biblioteca Real dos Países Baixos, Haia).

Além disso, expressões antigas apontam para esses aspectos obscuros quando se fala de "ter sido pisado pela vaca preta" ou "a vaca preta aperta alguém", o que significa: sofrer adversidades, ter experiências ruins ou ser tocado pela morte.

A vaca como símbolo no sonho

Ficou claro que a imagem da vaca simboliza, em primeira linha, a maternidade. Como ser maternal instintivo, ela assegura o sustento primário. O símbolo onírico da vaca, dependendo da situação de vida ou da correlação de problemas em que aparece, pode remeter para as necessidades infantis da pessoa que sonha, as quais talvez, devido a situações de carência vivenciadas no passado, tenham de ser satisfeitas no presente. Por outro lado, pode significar ainda estagnação, quando as necessidades regressivas demasiadamente fortes inibem o desenvolvimento. Pois a vaca simboliza também o sossego e até mesmo a inércia confortável e, com seu mastigar repetido, inclusive a autossatisfação.

Com seus aspectos divinos, porém, ela remete para a potência criadora feminina, para a força mantenedora da vida, que lhe confere uma dignidade intocável.

Como um símbolo geral de fertilidade, a imagem de uma vaca saudável pode apontar para a prosperidade e o sucesso material. Uma vaca magra, como imagem oposta, nada tem a oferecer; ela mesma sofre carência. Nesse caso, imaginam-se as vacas no sonho do faraó no Antigo Testamento (Gn 41): Na margem do Rio Nilo pastavam sete vacas belas e gordas que, em seguida, foram devoradas por sete vacas magras e feias. O faraó se assusta e fica desorientado. Então alguém se lembra de José, o escravo hebreu que sabe interpretar sonhos. As vacas magras e as espigas ressecadas, que aparecem em um segundo sonho, indicam um período de escassez de sete anos, com que o Egito terá de contar depois dos anos bons. José aconselha o faraó a construir silos e a acumular provisões para se antecipar ao período de escassez. Por isso, ele tornou-se um homem famoso e respeitado.

Em diversos procedimentos de teste projetivos utilizados para o esclarecimento da psicodinâmica cabe à vaca um papel de destaque. No *Scenotest*, por exemplo, um jogo de figuras em que cenas são montadas ou jogadas espontaneamente, a vaca é uma figura central. A forma e a posição escolhidas pela criança para colocar essa figura no campo de jogo fornece informações sobre o seu desenvolvimento, sobre a sua relação com a mãe ou sobre os seus anseios de relacionamento. Assim, por exemplo, faz diferença se a vaca é colocada ao lado da mesa com uma refeição com copos e pratos cheios preparada para todos, ou se um jovem necessariamente quer montar na vaca e, por isso, é castigado pelo pai. Em um caso, a vaca, como provedora confiável, é uma imagem da boa mãe. No outro, é um objeto do desejo sensual, o que pode apontar para uma problemática edipiana, possivelmente até para a sexualização precoce provocada pelo excesso de calor e de proximidade corporal.

Nesse contexto, quero aludir ao sonho de uma paciente de quase 70 anos, no qual uma vaca aparece como uma imagem de futuro confortadora. Na primeira parte do sonho, apareceu um cavalo maravilhoso que galopava na direção da mulher e parou diante dela jogando seu pescoço orgulhosamente para o alto; subitamente, porém, o cavalo se enrijeceu em uma estátua e se transformou em uma velha e enorme imagem estática. Ela se assustou violentamente com essa transformação e, no sonho, ouviu chamar-se em voz alta o nome de seu marido. Ela receou que o marido pudesse ter desaparecido com o enrijecimento do cavalo. Ela estava sozinha em uma vasta planície, e tudo ficou fresco e escuro.

Foi aí que, na fenda de um penhasco do lado oposto da planície, ela descobriu uma luz e, lá estava deitada, como em uma sala de estar, uma vaca que transmitia conforto. Para lá ela se dirigiu.

Revelou-se que, nesse sonho, a vaca aparece como a expectativa de uma velhice pacata e sossegada junto com o seu marido, o qual, na realidade, de modo algum havia desaparecido, mas estava ao lado da mulher; no entanto, ele também havia envelhecido como ela mesma. O enrijecimento do cavalo significava nessa fase da vida uma despedida das inúmeras atividades, uma despedida do ímpeto vital costumeiro dessa mulher bastante ativa. Ela teve de admitir que, agora, inclusive devido às restrições de saúde, finalmente uma mudança era necessária e novos objetivos esperavam pela sua vez. Primeiro isso lhe causou medo. Inclusive na relação conjugal geralmente se modificam muitas coisas nessa fase da vida. A sexualidade se transforma gradualmente, no melhor sentido do termo, em cuidado mútuo, em acompanhamento carinhoso e em convívio aconchegante, exatamente como promete a luz amarela que aparece na sala de estar da vaca.

A vaca nos contos de fadas: A vaquinha da terra

Com o objetivo de aprofundar a compreensão do significado simbólico da vaca, segue o conto de fadas da vaquinha da terra, que Martin Montanus, compilador de contos de fadas, anotou e publicou já no ano de 1559.

A vaquinha da terra (1)

Um homem pobre e bom tinha uma esposa com quem teve duas filhinhas: a mais nova chamava-se Margaretinha e a mais velha, Aninha. Antes que as criancinhas tivessem crescido, a mãe morreu, e por isso o homem tomou outra esposa. Ora, essa mulher tinha inveja da Margaretinha e desejava muito a sua morte. No entanto, matá-la pessoalmente não lhe parecia uma boa ideia. Assim, atraiu para si com artimanhas a menininha mais velha, a fim de que esta lhe fosse leal e se tornasse inimiga da irmã.

Um dia aconteceu que a mãe e a filha mais velha estavam sentadas juntas, discutindo sobre o que fazer para se verem livres da menininha. E decidiram, por fim, que a levariam para passear na floresta. Ali mandariam a menininha para longe, de modo que ela não conseguisse mais voltar até onde elas estavam.

Ora, a menininha estava parada atrás da porta do quarto e ouviu todas as palavras ditas pela mãe e pela irmã contra ela e a maneira como pretendiam causar sua morte. Ela ficou desolada ao pensar que morreria sem qualquer motivo, de forma tão deplorável, dilacerada pelos lobos. E, desolada, foi ao encontro da sua madrinha de batismo, queixando-se da grande deslealdade da irmã e da mãe, e da sentença mortal, sim, assassina, proferida contra ela. "Ora, pois bem", disse a boa anciã, "minha querida criança, já que teu problema é dessa ordem, vai e pega um saco de serragem e, quando seguires na companhia de tua mãe, espalha-a diante de ti pelo caminho! Quando fugirem de ti, segue o rastro de serragem e chegarás à casa de novo". A boa filha fez o que lhe aconselhou a anciã.

E quando chegou à floresta, sua mãe se sentou e disse para a menininha mais velha: "Vem cá, Aninha, e cata-me os piolhos! Enquanto isso, Margaretinha vai juntar para nós três feixes de gravetos; vamos esperar aqui, para em seguida irmos juntas para casa".

Ora, a boa e pobre filhinha foi e espalhou a serragem diante dela pelo caminho (pois bem sabia o que lhe sucederia) e recolheu três feixes de gravetos. E, depois de juntá-los, colocou-os sobre a cabeça e os levou ao local em que sua mãe e sua irmã a haviam deixado. Chegando lá, porém, não as encontrou; ficou com seus três feixinhos sobre a cabeça, seguiu pelo caminho assinalado de volta para casa, e jogou os três feixinhos no chão.

Ao avistá-la, a madrasta disse à menininha mais velha: "Aninha, nossa filha voltou, e todo nosso plano foi em vão". Por isso, amanhã iremos para outro lugar e mandaremos a menininha para longe de nós. Assim, ela não conseguirá mais voltar para casa, e ficaremos livres dela.

Ora, a boa Margaretinha ouviu a conversa de novo, correu outra vez ao encontro de sua madrinha e contou-lhe o que acontecera. "Pois bem", disse a anciã, "vejo que procuram tirar a tua vida e não sossegarão enquanto não conseguirem. Portanto, vai e pega palha miúda e a espalha de novo a tua frente pelo caminho, como fizeste com a serragem! Assim poderás voltar para casa de novo". Quando a menininha chegou a casa novamente, sua mãe disse:

"Venham cá, Margaretinha e Aninha! Vamos passear na floresta". A menininha mais velha, que muito bem sabia de toda a trama, deu até conselho e assistência, foi para lá bem alegre; Margaretinha, ao contrário, seguiu bem triste. Chegando à floresta, a mulher malvada, de má-fé, imprestável, sentou-se e disse para Aninha: *"Vem cá, Aninha, e cata-me os piolhos! Enquanto isso, Margaretinha vai juntar um feixe de gravetos para cada uma; depois vamos voltar para casa".* A pobre Margaretinha foi buscar gravetos, e ao voltar, sua mãe e sua irmã tinham ido embora. Ora, a boa Margaretinha seguiu com seus gravetos a trilha de palha miúda, até chegar de novo à casa. Ao avistá-la, sua mãe disse para Aninha: *"Nossa infeliz menininha voltou de novo. Agora temos de ver como nos livrar dela, mesmo que isso nos custe caro. Vamos novamente à floresta amanhã, e dar um jeito para que ela fique por lá".* A menininha ouviu a conversa outra vez, e pela terceira vez foi ao encontro de sua madrinha e pediu conselhos sobre o que fazer. *"Pois bem, querida criança",* disse a anciã, *"vai e pega sementes de cânhamo, semeia-as diante de ti pelo caminho, depois volte para casa pelo mesmo caminho!"* A pobre menininha seguiu outra vez com sua mãe e sua irmã para a floresta e espalhou as sementes de cânhamo pelo caminho. Ora, a mãe repetiu o que já havia dito duas vezes antes: *"Aninha, cata-me os piolhos! Margaretinha tem de buscar gravetos".*

A pobre Margaretinha saiu a procurar gravetos, e pensou: *"Voltei para casa duas vezes antes; chegarei à casa também pela terceira vez".* E depois de apanhar os gravetos e chegar novamente ao lugar em que deixara sua mãe, elas tinham ido embora. E quando a pobre menininha quis ir para casa pelo caminho assinalado, os pássaros haviam comido todas as sementes. Ó Deus, ninguém havia mais triste do que a pobre menininha! Ela passou o dia todo vagando pela floresta aos prantos e gritos e se queixando a Deus do seu sofrimento, mas não encontrou nenhum caminho que a levasse para fora da floresta. Certamente ninguém jamais havia entrado tão fundo na floresta quanto ela. Ao entardecer, tendo a pobre menininha abandonada perdido todas as esperanças de encontrar ajuda, subiu em uma árvore bem alta para conferir se daria para avistar alguma cidade, povoado ou casa, para onde pudesse se dirigir, a fim de não servir lastimosamente de comida para os animais selvagens. Olhando em volta, eis que viu uma fumacinha; desceu depressa da árvore e andou na direção da fumaça e, em poucas horas, chegou ao lugar de onde ela partia. Era uma casinha onde morava tão somente uma vaquinha da terra.

A menininha foi até a portinha e bateu, ansiando que alguém a deixasse entrar. A vaquinha da terra respondeu: "Certamente não te deixarei entrar, a não ser que prometas ficar comigo enquanto viveres, jamais contar a meu respeito nem revelar meu segredo!" A menininha lhe prometeu isso, e imediatamente a vaquinha da terra deixou-a entrar. E a vaquinha da terra disse: "Pois bem, deves apenas me ordenhar ao anoitecer e ao amanhecer. Depois, beberás o meu leite e eu te trarei sedas e veludos suficientes: confecciona belas roupas para ti como as desejares! Lembra, porém, de não contar nada a meu respeito! Quando tua única irmã vier te encontrar, não a deixes entrar, para que ela não revele que estou neste lugar. Do contrário, eu perderia a vida". Ditas essas palavras, foi para seu campo e, ao entardecer, quando chegou à casa, trouxe sedas e veludos com os quais *a boa Margaretinha se vestiu tão esplendidamente que certamente poderia se comparar a uma princesa.*

Tendo elas ficado juntas desse modo até o ano seguinte, aconteceu que a menininha mais velha, que voltara para casa e assim ajudara a empurrar para a miséria a sua inocente irmã Margaretinha, começou a pensar e a imaginar como poderia estar sua irmãzinha [que ela ajudara a empurrar para a miséria]; ela começou a chorar de dar dó e a refletir sobre a grande deslealdade que cometera sem que a irmãzinha tivesse culpa nenhuma; ou seja, arrependeu-se de tal forma que não conseguia ou não queria mais ficar em casa, mas queria tentar encontrar alguma perninha de sua irmãzinha que pudesse levar para casa e prestar-lhe as honras. E um dia ela saiu de manhã pela floresta para procurar a irmã, e procurou por tanto tempo, chorando de dar dó, que acabou se confundindo e se perdendo completamente na floresta e, agora, a noite tenebrosa estava caindo sobre ela. Quem poderia estar mais triste do que a Aninha? Imaginando que merecia isso por causa de sua irmã, chorou de dar dó, invocou a Deus, rogando por graça e perdão. No entanto, como não havia muito tempo para delongas e lamentos, a primeira coisa que fez foi subir em uma árvore bem alta, para conferir se conseguia avistar alguma casa em que pudesse ficar durante a noite, para não ser lastimosamente dilacerada pelos animais selvagens. Olhando em volta, viu uma fumaça saindo da casinha em que estava sua irmã; na mesma hora, aproximou-se da casa, e não pensou em outra coisa a não ser que a casinha talvez fosse de um pastor ou de um irmão da floresta. Chegando à casa, bateu à porta; e logo sua irmã perguntou quem era. "Ei", disse a Aninha, "eu sou uma pobre menininha perdida na floresta

*e rogo pelo amor de Deus que me acolha durante a noite".
Margaretinha olhou por uma frestinha e reconheceu que se
tratava de sua desleal irmã; de imediato, levantou e disse:
"Na verdade, querida menininha, não devo deixá-la entrar,
pois me é proibido. Caso meu senhor chegue e eu tiver deixado alguém estranho entrar, ele bateria em mim. Por isso,
retire-se!" A pobre menininha não aceitava ser rejeitada
nem expulsa, e suplicou a sua irmãzinha, a qual ainda não
reconhecera, para que abrisse a porta e a deixasse entrar. E,
ao entrar, reconheceu sua irmã e começou a chorar copio-
samente e a louvar a Deus porque a encontrou ainda viva,
caindo de joelhos e pedindo-lhe perdão pelo que fizera contra ela. Depois, pediu amavelmente que lhe dissesse quem
vivia com ela visto que estava assim tão bela e bem-vestida.
A boa Margaretinha, proibida de contar com quem vivia, in-
ventou várias desculpas; uma vez, disse que estava com um
lobo, na outra, com um urso. Aninha não acreditou nisso e
tentava persuadir Margaretinha, sua irmãzinha, a dizer-lhe
a verdade. E como a menininha inclusive era muito tagarela (como é do costume de toda mulher, conversar mais do
que o recomendado), disse à sua irmãzinha: "Eu estou com
uma vaquinha da terra. Mas promete que não vai revelar
isso para ninguém!" Ouvindo tal coisa e ainda não satisfeita com a deslealdade que praticara contra a irmã, Aninha
disse: "Pois bem, guia-me pelo caminho correto para que eu
volte para casa!" Foi o que Margaretinha logo fez. E chegando a casa, a minha boa Aninha disse a sua mãe que encon-
trara sua irmã com uma vaquinha da terra e que ela andava
vestida com muito requinte. "Pois bem", disse a mãe, "nas
próximas semanas vamos até lá para levar a vaquinha da
terra e Margaretinha para casa; e vamos abater e comer a
vaquinha da terra".*

A vaquinha da terra ficou sabendo de tudo isso e, chegando a casa ao anoitecer, disse aos prantos para a menininha: "Oh, minha encantadora Margaretinha, o que foi que fizeste, deixando entrar tua irmã fingida e contando com quem estavas? Vê só, tua mãe e tua irmã imprestáveis virão para cá nas próximas semanas e levarão a mim e a ti para casa. A mim, elas abaterão e comerão; a ti, no entanto, darão guarida e dispensarão um tratamento pior do que antes".

Dito isso, a vaquinha da terra se queixava tanto que a pobre menininha se pôs a chorar e achou que ia morrer de tristeza tamanho o arrependimento por ter deixado sua irmã entrar. No entanto, a vaquinha da terra a consolou e disse: "Pois bem, querida menininha, o que está feito não pode mais ser desfeito. Por isso, faz o seguinte: Quando o açougueiro me abater, fica por perto e chora! Quando ele te perguntar o que queres, diz: 'Quero o rabo da minha vaquinha da terra'. E ele o dará. Quando o tiveres, começa a chorar pedindo um dos meus chifres! Quando o tiveres, volta a chorar! Quando te perguntar o que queres, diz: 'Quero muito os cascos da minha vaquinha da terra'. Quando os tiveres, vai e enterra o rabo na terra, sobre o rabo o chifre e sobre o chifre os cascos e não te afastes até o terceiro dia! E, ao terceiro dia, nascerá ali uma árvore que, no verão e no inverno, dará as maçãs mais belas que jamais se viu. E somente tu conseguirás apanhá-las e essa árvore fará de ti uma mulher grande e poderosa".

Quando a vaquinha da terra foi abatida, Margaretinha ficou por perto e pediu todas as partes como recomendara a sua vaquinha da terra, e elas também lhe foram dadas. E ela foi e as enterrou na terra e, ao terceiro dia, dos restos da vaquinha da terra nasceu uma bela árvore. E aconteceu que um poderoso senhor passou a cavalo com seu filho, que tinha febre terçã. E quando o filho viu as belas maçãs, disse: "Meu pai, permita que me tragam maçãs dessa árvore; creio que ficarei saudável se comê-las". De imediato, o senhor ordenou que lhe trouxessem maçãs e disse que pagaria o que custassem.

A irmã mais velha foi a primeira a ir até a árvore apanhar as maçãs. Aconteceu que os ramos todos de uma vez se esticaram para o alto, de modo que ela não conseguia alcançá-los. Então, ela chamou a mãe e lhe disse para apanhar as maçãs e dá-las ao senhor; contudo, quando a mulher malvada quis apanhar as maçãs, os ramos se esticaram ainda mais para o alto. O senhor viu tudo isso e ficou muito admirado. Por fim, Margaretinha foi apanhar as maçãs da árvore e, para ela, os ramos se inclinaram e a deixaram apanhar maçãs à vontade. Diante disso, o senhor ficou ainda mais admirado e, acreditando ser ela uma mulher santa, chamou-a e lhe perguntou a respeito do milagre. Então, a boa filha contou para ele toda a história, o que ocorreu por obra da sua mãe, da sua irmã e da vaquinha da terra, do princípio ao fim.

Quando ficou sabendo da história, o senhor perguntou à menina se ela queria partir dali com ele. Isso deixou a boa filha bem satisfeita. Ela tirou a sua árvore da terra e com seu pai sentou-se no coche ao lado do senhor. Eles foram recebidos pelo senhor de maneira amável e respeitosa. Em seguida, partiram deixando para trás a mãe e a irmã malévolas.

Para uma melhor compreensão do conto de fadas, cujas imagens hoje talvez não nos sejam mais tão diretamente acessíveis, iremos primeiro resumi-lo e reduzi-lo aos seus traços fundamentais, naturalmente correndo o risco de desencantá-lo e, no final, restar diante de nós apenas um esqueleto.

A história trata de uma jovem menina em crescimento, que perdeu sua mãe e ganhou uma madrasta. Ela tem de reorientar-se e impor-se a si mesma. Constata-se, porém, que a menina não consegue avaliar a sua situação, tampouco sabe se defender. Ela está entregue à maldade e à inveja. Ainda assim, recorre a sua madrinha, que a ajuda duas vezes. Mas com isso nada está ganho. Na terceira vez, Margaretinha recebeu o conselho "errado" de utilizar as sementes de cânhamo, que agora de fato leva a menina à miséria. Margaretinha não percebe nada – ela realmente é tão boba?

O motivo do abandono de crianças – por necessidade ou por maldade – em uma floresta profunda e escura e, com isso, a um destino incerto, está presente em inúmeros contos de fadas. A situação de completa confusão e impotência até à morte contrapõe-se então à ordem segura da casa: frio contra calor. Em termos simbólicos, o andar errante na floresta significa também um estar perdido no inconsciente, ou seja, significa que está bloqueada uma avaliação realista da situação da vida no sentido do desenvolvimento positivo. Com frequência, porém, tal situação revela-se um desafio redentor, porque é só no ponto mais profundo da miséria que germina uma ideia nova: Margaretinha sobe em uma árvore e obtém uma visão ampla.

Ao lado de uma vaquinha da terra, um animal mágico, materno, inicia uma nova etapa da sua vida. Ela tem de ordenhar a vaquinha da terra e beber tanto leite quanto puder.

A história atinge seu ponto alto quando a vaquinha da terra tem de ser abatida. Curiosamente, a morte da vaquinha da terra, após uma breve reação de luto, não constitui um acontecimento trágico, mas conduz a um final com sentido. Sucede milagre após milagre. Nasce uma árvore, e seus frutos pertencem tão somente a Margaretinha. O poderoso senhor vem e reconhece em Margaretinha a grande e poderosa mulher da qual a vaquinha da terra havia falado. O que significa tudo isso?

Tentativa de interpretação

O conto de fadas da vaquinha da terra pertence aos contos de magia. Ele conta a respeito do desenvolvimento de uma menina que, no início, era uma criatura pobre e sem iniciativa própria que se deixava maltratar e, depois, transforma-se em uma mulher grande e poderosa. Nele destacam-se diversos símbolos e se desenrolam acontecimentos dramáticos entre a vida e a morte. Às figuras humanas más contrapõem-se figuras e forças mágicas que, no final, mudam tudo para melhor.

O conto de fadas inicia com uma situação de carência: a mãe faleceu. No entanto, o pai, que ficara para trás com suas filhas em crescimento, logo escolheu uma nova esposa. Isso é contado em uma frase, como se ninguém tivesse tempo para o luto, como se a situação da família tivesse de voltar ao normal o mais rápido possível, para que o governo da casa continuasse funcionando. Na condição de filha mais nova, parece que é principalmente Margaretinha que sofre a perda da mãe. Sua morte deve ter deixado um vazio profundo na criança em crescimento. Quem sabe há quanto tempo a mãe já estava doente e sofrendo e, por isso, não pôde estar à disposição para personificar as forças femininas fortes com as quais a menina poderia ter-se identificado. Sua morte deve ter sido um choque para Margaretinha, deixada para trás desamparada e perplexa. Também é bem possível que, como filha mais nova, ela tenha sido mimada e, em geral, estivesse pouco preparada para a realidade da vida. A irmã mais velha, que provavelmente não é muito mais nova do que a madrasta, não enfrenta dificuldades, deixando-se conquistar e manipular por esta. E, como um par de irmãs recém-unidas, procuram tirar a vida da Margaretinha. É assim que, em todo caso, deve ter parecido para a menina.

Ao lado das figuras negativas, da madrasta malvada, da irmã traiçoeira, do pai inútil, encontram-se figuras mágicas que comandam os acontecimentos e dão início à mudança. É o caso da vaquinha da terra, e das partes significativas que restam depois do seu abate: o rabo, o chifre e "os cascos da minha vaquinha da terra". E há uma árvore maravilhosa com maçãs que só a Margaretinha consegue colher.

Certamente a figura mais refinada na história é a madrinha, que parece dispor de um grande conhecimento. Depois de auxiliar a menina duas vezes sem sucesso, ela precisa agora – ao lhe dar o conselho supostamente errado, pois os pássaros certamente recolherão as sementes de cânhamo – assumir conscientemente o risco de enviar a criança para uma situação extrema. Porém, na qualidade de madrinha, à qual se confia diante de Deus a vida da criança, ela nunca a teria abandonado. Contudo, ela sabe que lidar autonomamente com a vida é algo que se obtém somente através das próprias forças. No entanto, ela sabe também que essas forças só podem ser estimuladas quando obtidas, com uma confiança primordial, já bem cedo na vida de uma criança. Ela descobre uma grande carência na Margaretinha. Em termos psicológicos, pode-se falar de um déficit de desenvolvimento. Não se escuta a madrinha suspirar de profundo pesar, ao dizer: *"Pois bem, querida criança, vai e pega sementes de cânhamo, semeia-as diante de ti pelo caminho, depois volte para casa pelo mesmo caminho!"* Até aquele momento, todo seu conselho não a havia ajudado.

Como madrinha sagaz, no entanto, ela sabe o que a necessidade faz, e tem uma ideia um pouco diferente. Ela está por trás do jogo todo, é a alma boa que ajeita tudo para o bem de sua afilhada. Ela é a figura de ligação entre as dimensões do real e do irreal ou do mundo exterior e do mundo interior, mágico e simbólico. E certamente a vaquinha da terra que alimenta e protege, com a qual Margaretinha vive durante um ano, é um aspecto da sua maternidade positiva.

Contudo, primeiro, a menina tem de passar pelo mais profundo desamparo, pela situação de perder-se completamente no emaranhado da floresta, pelos medos mais terríveis. É como se a miséria tivesse de atingir o fundo do poço antes que a ajuda pudesse de todo dar resultado. Quando se imagina o que significava outrora perder-se em uma floresta, quando as florestas ainda eram regiões selvagens, não cortadas por caminhos nem divididas em lotes como hoje, fica fácil de entender por que a floresta era considerada sombria e impenetrável, impenetrável como uma confusão mental. Ela se tornou uma imagem do inquietante, e como símbolo psicológico significa também o grande inconsciente em que a pessoa pode se perder quando não há mais nenhum ponto de referência para um comportamento razoável.

No entanto, bem lá embaixo, atingido o fundo do poço, muitas vezes aparece espontaneamente uma ideia redentora. Sob a pressão da emoção mais intensa, do medo pela sua vida nua e crua, Margaretinha sobe em uma árvore para obter uma visão ampla. Os animais selvagens representam para ela um grande perigo. E talvez ela sinta, naquele esforço de subir na árvore, também crescer ligeiramente a coragem em si mesma, uma intuição de suas próprias forças de sobrevivência. Ela vê a pequena casa com uma chaminé fumegante – onde sobe fumaça há vida. E, logo depois, ela se abriga nessa casa como se fosse um ventre materno redentor. Porém, primeiro, ela ouve a voz da vaquinha da terra que mora ali, e estabelece uma condição: *"Certamente não te deixarei entrar, a não ser que prometas ficar comigo enquanto viveres, jamais contar a meu respeito nem revelar o meu segredo!"* Com essa condição se exprime que a permanência com uma vaquinha da terra não é algo evidente no caso de uma criança maior. A voz exige: Se devo te ajudar, tens de querer isso realmente e permanecer aqui, e, além disso, é algo secreto, que não diz respeito a mais ninguém. Com certeza, aqui fala a madrinha que reconheceu a carência de desenvolvimento da menina e se transformou em uma mãe para uma criança pequena, em uma vaquinha da terra, que adicionalmente dá à criança tudo o que ela precisa como base para seu desenvolvimento. Proteção, calor, alimento e brinquedos na forma dos belos tecidos. Margaretinha elogia tudo. Isso poderia significar: Agora ela está pronta para realmente deixar-se ajudar, seja lá o que encontre na pequena casa, é o assunto mais privado e íntimo da menina, que inicia uma retirada, uma pausa, no sentido do repouso e do amadurecimento. Que isso tenha de ser *"enquanto viveres"* objetiva apenas protegê-la da impaciência e da pressa.

Na casa mágica da vaquinha da terra inicia-se agora uma etapa distante de todas as realidades do cotidiano, um período de regressão, que é algo salutar. Na segurança da casa, a menina pode se recuperar de seu pânico e voltar novamente a si. A vaquinha da terra tem à disposição todo o necessário, sobretudo leite materno. No entanto, quando a vaquinha da terra lhe dá o peito simbolicamente e deixa que beba até se saciar, ela cuida não apenas da satisfação primária da criança, mas também do seu desenvolvimento espiritual. Margaretinha nada tem a fazer, exceto isto: beber e crescer. Mais tarde, contudo, há também tecidos caros: seda e veludo. A vaquinha da terra sabe muito bem do que uma menina em crescimento precisa para o desenvolvimento da sua autoconfiança. Ela precisa se sentir confirmada no florescer da sua feminilidade e da sua beleza. Aqui ela deve adornar-se e olhar-se no espelho tanto quanto quiser, sem as observações sarcásticas ou a zombaria de uma irmã ciumenta.

No entanto, apesar da promessa inicial, é evidente que esse período de regressão não pode durar para sempre. E, em função disso, a refinada vaquinha da terra inclusive já se prevenira ao proibir a menina de revelar o segredo e chamar insistentemente a sua atenção para que não deixasse entrar nem sequer a sua irmã. Ela exprimiu com isso um tabu, que ela mesma sabe que um dia será quebrado, a saber, quando Margaretinha não conseguir resistir não só à irmã, mas, fortalecida psiquicamente, arriscar a desobediência e começar a tomar decisões por conta própria. Quando a quebra do tabu é também a violação de um acordo mútuo, ela significa, por outro lado, o agir autônomo. Uma porta proibida é aberta, um fruto proibido é comido, uma palavra proibida é exprimida. Isso tem consequências de longo alcance; conduz, porém, em última instância, à liberdade, ou seja, ao agir autorresponsável. Sem desobediência certamente ninguém cresce.

Passado um ano desse feliz convívio entre as duas, chegou o momento. A desobediência da Margaretinha dá início à mudança decisiva. Ela terá de lidar com as consequências inevitáveis da sua atitude.

De fato, a irmã está diante da porta. Ela havia encontrado o caminho até a casa. Suplica que a deixe entrar. Finge arrependimento. Margaretinha hesita bastante, mas deixa sua irmã entrar. Muito rapidamente, a alegria do reencontro vira novamente inveja e cobiça. E, outra vez, Margaretinha poderia ter caído na mesma armadilha. A irmã conta tudo para a madrasta e ambas decidem pegar todos os presentes e, sem cerimônias, abater e comer a vaquinha da terra.

Agora ocorre o fato inusitado. Após uma breve reação de luto, a vaquinha da terra não está nem surpresa nem desesperada com o desenrolar da história. Ela já sabia de tudo. E tampouco tem medo da morte. Ao contrário, ela está tranquila e dá para Margaretinha algumas orientações práticas a respeito de quais das suas partes a menina deve pedir depois do abate.

É a questão do legado. O que a vaquinha da terra tem para oferecer, no lugar da mãe verdadeira, para a menina levar no seu caminho como instrumento para municiá-la para a vida? Os restos da vaca pedidos ao açougueiro, com os quais Margaretinha deverá erguer a árvore, são o rabo, o chifre e os cascos. *"Enterra o rabo na terra, sobre o rabo o chifre e sobre o chifre os cascos..."* O fato de que deve exigir essas coisas chorando e se queixando confirma a importância do legado por ora codificado. É que essas três partes na verdade não são aproveitadas; elas são descartadas no abate. Porém, elas fazem parte da vaquinha da terra, e, neste caso, deve tratar-se de valores especiais. Não se faz menção a um legado como seda e veludo ou pérolas e outras coisas.

Margaretinha planta o rabo, que com o tufo de pelos segura na terra e fica em pé, ereto – um símbolo de potência. Sobre ele, põe os chifres como uma coroa com pontas que seguram no céu – um chifre de vaca, como carrega a deusa-mãe Ísis. E os cascos, "os cascos da minha vaquinha da terra", ela pendura nos chifres, como se fossem frutos. A forma se converte inclusive em uma árvore que faz milagres. Ela dá maçãs, que amadurecem durante o ano todo. Mircea Eliade descreve a árvore como um símbolo primitivo do centro do ser humano. Semelhante à imagem do umbigo, ele encarna, na forma de um eixo central, o centro intrapsíquico a partir do qual o ser humano pode erguer-se e encontrar a si mesmo. No sentido de C.G. Jung, a árvore que resulta dos restos da vaquinha da terra é um símbolo do Si-mesmo fortalecido da menina. Ela personifica, como um princípio do feminino materno, a mãe interior que é conservada para sempre como um símbolo e está ancorada na própria psique. A partir de agora, a presença física da mãe não é mais necessária. Pode-se soltar a mão materna. Agora Margaretinha é independente e crescida. A vaquinha da terra provocou algo na criança que estava aos seus cuidados: a segurança interior conquistada é o seu legado.

Caso se possa entender os "cascos" como frutos que a árvore renovadamente produz, seria possível entendê-los também como advertência para o caminho a ser trilhado com os próprios pés. E talvez Margaretinha siga com eles também as pegadas da madrinha-vaquinha da terra materna, que para ela tornou-se o modelo de feminilidade com que pode identificar-se. Ereta ela caminhará pelo mundo a partir de agora, e não se deixará mais manipular e atormentar. Ela se tornou uma mulher grande e poderosa. E com os frutos de sua árvore ela faz milagres.

As maçãs da árvore milagrosa só podem ser colhidas por ela pessoalmente. Elas representam a riqueza. E, como símbolos do amor, da beleza e da juventude, Margaretinha irá partilhá-los apenas com as pessoas de sua escolha. O poderoso senhor acredita reconhecer em Margaretinha uma mulher santa, pois seu filho, talvez um aspecto imaturo do seu Si-mesmo, ficará saudável ao comer as maçãs. Margaretinha pode partilhar o que lhe aconteceu; ela pode, por sua vez, haurir e dar do amor feminino e materno. Sua natureza, que reluz como os belos frutos, é uma dádiva de saúde.

Ela sabe onde é o seu lugar, e parte com o senhor. Leva junto sua árvore – tirá-la da terra, na verdade, não é necessário, se se vê na árvore o símbolo de sua postura ereta e de sua riqueza interior. Porém, a menina dá cor à imagem. E faz o mesmo com o pai: o fato de ele, no final, também estar sentado no carro, certamente quer deixar claro que a jovem mulher, durante o seu processo de amadurecimento, integrou também o princípio paterno-masculino. Pois do pai protetor real ela não precisa mais. Ela sabe quem é e o que faz; ela pode decidir por si mesma. Talvez, porém, ela leve o pai junto, na realidade, por compaixão. Ela cuida dele porque identificou sua fraqueza.

Interessantes são, nesse conto de fadas, as múltiplas transformações do arquétipo materno. Do significado negativo, contrário à vida, das três mulheres no início do conto – a mãe morta que deixou a menina sozinha muito cedo, a madrasta malvada e a irmã traiçoeira –, a imagem materna se converte, na forma da madrinha, tanto em uma figura bondosa, como também desafiadora, que constata exatamente quão necessitada é a criança, antes de colocar em cena a vaquinha da terra alimentadora. E, com a morte da vaquinha da terra, imagina-se a despedida da infância, pois tanto para a mãe como para a criança algo morre. A criança deixa um mundo infantil mágico e se confronta com a realidade, e a mãe tem de abrir mão de uma vez por todas do papel da "vaquinha da terra" protetora e alimentadora.

O período na casa mágica da vaquinha da terra foi redentor, aí reinou a mãe positiva sob a proteção da qual a criança, que sofrera tanta carência, a que fora submetida a demasiado estresse e pânico, pôde regredir e amadurecer. Com base nessas experiências fundamentais, Margaretinha pôde se desenvolver tornando-se a mulher grande e poderosa que veio a ser. E, por isso, a árvore em que a vaquinha da terra se transformou é também a árvore da vida.

 O cão

Meu cão é um cão colorido. É sarapintado de branco-acinzentado. Sobre as costas está, como um pequeno selim, uma mancha preta, e do pescoço em direção ao peito ele tem partes marrons, suas patas são branco-marrom. O criador o chama de "blue" – Australian Blue Heeler. Isso significa que ele foi criado como cão pastor de ovelhas e bois, dos quais ele mordisca os calcanhares ao reunir os rebanhos. Se fosse sarapintado de branco-marrom, o que também ocorre na sua raça, seria chamado de "Red Heeler".

Meu cão é vivaz e rápido. Quando o sol bate nos seus olhos, eles brilham como âmbar escuro. Neles se vislumbra toda a vastidão em que ele poderia caçar, mas permanece sempre perto de mim, observa minhas reações e espera meus comandos. Já que não tenho rebanhos de gado para ele, tenho de atribuir-lhe outras tarefas. Ele ama as crianças e cuida delas. Também gosta de se unir ao grupo, aconchegando-se entre elas, como se quisesse também ler livros ilustrados. Ou brincamos com um disco que jogo longe e ele o traz de volta. Nesses momentos, desaparece a leve melancolia que também noto em seu âmbar.

O cão é considerado o primeiro e assim o mais antigo animal doméstico. O *canis familiaris* é dedicado, fiel, corajoso, sensível, rápido, atento. Ele protege a casa e o pátio até o combate. Ele tem um olfato apurado; segue persistentemente um rastro. Para o caçador, ele traz a presa. Para o pastor, ele mantém o rebanho reunido.

No passado, levava-se junto para as batalhas um cão para tratar das feridas, o qual limpava os ferimentos por meio de lambidas e, pela saliva, supostamente promovia a sua cicatrização.

Entre todos os animais domésticos, o cão tornou-se, de forma mais direta, um amigo do ser humano. Ele quer fazer parte do grupo familiar e não tem dificuldade em transmitir seu instinto de matilha para a família humana pela qual ele se torna responsável. Ele é capaz de aprender; precisa, contudo, de treinamento. Em uma matilha reina uma hierarquia estrita, e assim também o cão doméstico tem de saber, desde o início, o lugar que pode e deve ocupar na família humana.

Um cão se sente bem quando o ser humano o incumbe de uma tarefa, quando o emprega em alguma atividade. Suas tarefas são variadas, e é surpreendente a rapidez com que ele consegue se integrar e perceber o que se pede dele.

Diversas raças de cães são criadas diretamente para uma determinada utilização. Há cães de caça, cães pastores, cães de guarda ou cães de vigia, cães policiais, cães-guia e outros. Nesse caso, aproveitam-se as suas disposições naturais. Cães para guiar pessoas cegas são, por exemplo, na maioria das vezes, os pacientes e tranquilos labradores; cães de caça são retrievers, spaniels ou bracos. Cães pastores são os cães de pastoreio e outros cães de guarda, como, por exemplo, o border collie.

Há, atualmente, cerca de 400 raças de cães que se desenvolveram desde o início da Idade da Pedra Média há 15.000

anos. Na China, há muito tempo, lobos domesticados teriam servido à criação de cães de utilidade. Quando, porém, trata-se da criação de cães na China, isso significa inclusive que eles acabam na panela na forma de petisco.

A origem do cão foi um mistério para a ciência até há pouco tempo. Acreditava-se que seus antepassados seriam o chacal, o lobo, a raposa, o coiote, a raposa polar, a raposa do deserto e a hiena. Hoje, com base em investigações genéticas, considera-se unicamente o lobo como seu antecessor.

Está comprovado que os animais selvagens, logo que são domesticados e criados, mudam intensamente após algumas gerações, de modo que estão dadas as condições para as características das raças.

Os cães semelhantes ao lobo são, ainda hoje, os cães polares e os cães de trenó.

No caso do dingo, não se trata de um cão primitivo, como também se supôs, mas de um cão doméstico que há muito tempo voltou a tornar-se selvagem. Ele existe na Austrália onde, como animal selvagem que caça a presa, converteu-se em um inimigo dos criadores de ovelhas.

O cão na linguagem

Dificilmente um animal deixou tantos vestígios na linguagem corrente como o cão. Sua capacidade de aprendizagem e sua fidelidade incondicional são notáveis.

Do mesmo modo, porém, ele é desprezado e insultado, e isso é difícil de entender em virtude dos grandes serviços prestados ao ser humano e da sua fidelidade. Locuções com conotação negativa, como "cão estúpido" ou até "cão imundo", com as quais o próximo é insultado, são ouvidas com frequência, ou chama-se alguém, com desdém, de "cão medroso".

É possível que o cão, justamente por causa dos seus variados talentos, do seu apego e da sua intuição refinada, sempre já tenha sido considerado suspeito. Ele sonda, fareja e aponta as orelhas, pressente e, com percepção refinada, detecta perigos com os quais ninguém contava. Ele percebe um ambiente. É natural que essa sutileza também o torne inquietante. Não é por acaso que, na supersticiosa Idade Média, considerava-se que o cão conseguisse ver os espíritos.

E quando Mefisto, como cão preto, entra de mansinho na sala de estudo de Fausto, logo fica claro que o cerne do poodle revela ser o próprio mal. O motivo do mal na forma de um cão preto foi sugerido para Goethe pelo mago Agrippa von Nettesheim, que tinha como auxiliar um animal dessa cor. Na coleira do cão estariam gravados sinais secretos dos alquimistas. Agrippa von Nettesheim exerceu, no final do século XV, de modo semelhante a Paracelso, as atividades de médico e de intelectual. Tendo se tornado inimigo do clero devido ao seu interesse pelos fenômenos ocultos e pela filosofia cabalística, foi considerado um praticante da magia negra e um mestre da bruxaria. O inquietante é preto. E a exemplo de outros animais – o corvo preto e o gato preto nas costas da bruxa – também o cão preto é suspeito. A segurança de seu instinto, incompreensível à razão humana, sua capacidade altamente desenvolvida de ouvir e de cheirar que excede a esfera da percepção humana, não é algo controlável. E aquilo que ultrapassa os limites, que não cabe no conceito de autoridade eclesial, pertence ao mundo do diabo.

No caso de expressões que descrevem o assim chamado caráter canino ou deixam transparecer o desprezo pelos cães, como "rastejar como um cão" ou "ser pisado como um cão", "pôr o rabo entre as pernas" ou "andar de mansinho como um cão espancado", seria possível pensar que se trata de escárnio da parte do lobo orgulhoso e selvagem, que não entende no que se converteu seu único descendente.

Quando uma pessoa "chega à condição de um cão", significa que perdeu tudo, restando-lhe apenas o vadiar vagabundo de um cachorro vira-lata. Outra pessoa é "conhecida como um cão colorido" ["bekannt wie ein bunter Hund"], e uma terceira "sente-se bem como um poodle" ["fühlt sich pudelwohl"]. No entanto, isso ela não atribui ao poodle do diabo, de cor preta, mas ao caráter vivo e ativo da raça poodle.

Um *underdog* é alguém que está situado bem embaixo na escala social e tem de fazer trabalhos inferiores. Ele é antes um servo submisso que um servidor alegre do seu dono.

Na época da inquisição, os cães de Deus, *domini canes*, os dominicanos, estavam entre os monges que detectavam de modo especialmente diligente quem seria considerado bruxa ou herege e teria de ir para a fogueira.

Uma secretária especialmente eficiente, que isola seu chefe, é denominada de "dragão da sala de espera" ou também de "Cérbero" e com isso se faz alusão ao monstruoso cão mítico de três cabeças que guardava o submundo.

Quando o clima está desagradável, fala-se de um "clima do cão", também de "frio do cão". Durante os "dias de cão", ao contrário, quase não se aguenta de tanto calor. Isso ocorre no verão europeu entre os dias 23 de julho e 23 de agosto, quando a Estrela Sírio, uma estrela especialmente clara e brilhante da constelação do Cão Maior, está mais próxima do sol. A Estrela Sírio era considerada, já na Antiguidade, como aquela que trazia calor, e no Egito ela anunciava a cheia do Rio Nilo.

Os cães latem, mordem, mostram os dentes e sacodem os pelos, rosnam, uivam, aninham-se, ganem e abanam o rabo.

Diz-se: "Cães que latem, não mordem". Isso significa que os cães emitem diversos sinais de alerta antes de atacar. Eles mordem quando têm medo ou quando são criados para atacar, como os cães de combate.

Nossa relação com os cães modificou-se, e ainda assim persistem antigas experiências e concepções profundamente arraigadas acerca da natureza do cão. Em muitas pessoas reside um medo absolutamente infundado dos cães; um medo que o animal percebe deixando-o inseguro e talvez, por isso, algumas vezes, também mordaz.

Nossos cães são companheiros, acompanhantes e camaradas. Eles confiam em nós quando ficam deitados descontraídos ou dormindo, enquanto trabalhamos. Eles nos convidam para brincar quando nos tocam com o focinho ou colocam a bola na nossa frente. Eles se alegram quando nos preparamos para sair para um passeio. Eles afirmam um nós. Um acariciar sobre a cabeça peluda, o sentir o corpo que respira silenciosamente, o olhar canino amigável, profundo e o abanar do rabo de modo efusivo e feliz. E, em longos passeios ao seu lado, farejamos e descobrimos o mundo de um modo novo. Todas as designações caninas negativas são ofuscadas por uma única sentença: o cão é um amigo.

O cão na mitologia

Na mitologia grega, o cão é o companheiro da mãe-terra Reia e de outras deusas ctônicas. Divindades doadoras da fertilidade atuam frequentemente no interior da terra, onde elas preparam a vida nova. Elas simbolizam tanto as forças que atuam na escuridão como as que trazem tudo à luz.

Entre ambos os mundos, o mundo da noite e o mundo luminoso do dia, o cão, como companheiro, transita para lá e para cá. Dito em termos psicológicos, ele assume a tarefa de ligar as forças que atuam na escuridão do inconsciente com a consciência clara, ou seja, de assegurar a transição entre os dois mundos. Seguro do seu instinto, ele conduz as almas para a vida e também de volta para o reino da morte, quando transpõe com os falecidos o rio dos mortos. Ele acompanha a transição e a transformação tornando-se dessa maneira, como atestam diversos mitos do mundo, o psicopompo, o condutor das almas.

Na mitologia grega antiga, o cão Cérbero é o guardião tricéfalo do Hades. Nada escapa ao seu controle, e infeliz daquele que quiser sair de mansinho do reino dos mortos. Odisseu foi o primeiro que conseguiu acalmar Cérbero por um momento quando teve de chamar Tirésias para fora do reino dos mortos. Aconselhado pela feiticeira Circe, ele tomou o longo desvio para o Hades na margem do oceano, para que Tirésias pressagiasse o que ainda estava para lhe acontecer pelo caminho. E Odisseu, estremecido, relatou:

> Também vi Cérbero, munido com dentes morda-zes. Feroz ele revira os olhos, vigiando a entrada do Hades. Se algum dos mortos se atrevesse a passar por ele de mansinho, ele cravava os dentes profunda e dolorosamente na carne do fugitivo e o arrastava de volta sob tormentos, o guardião mau e mordaz (Homero).

O significado psicológico do terrível Cérbero fica eviden-te principalmente na vitória heroica de Héracles sobre esse monstro tricéfalo.

Héracles, o grande herói da Antiguidade grega, posterior-mente venerado pelos etruscos e romanos como Hércu-les – de maneira superficial, considerado como um tipo de *terminator*, um vingador, um matador, uma máquina de combate invencível –, era, na realidade, uma alma profundamente confusa, alguém que procura de maneira incansável. Ele provém de relações confusas. Como filho de Zeus, o grande sedutor e amante das mulheres da terra, era também filho de Alcmena, a esposa do general Anfitrião. Ele foi considerado filho deste, e, treinado com esmero em todas as disciplinas de combate, transformou-se em um herói vigoroso. No entanto, não encontrou sua identidade nem nos homens nem nos deuses. Como uma "metade", ele era demais ou muito pouco. Ele anseia e ambiciona o seu pai verdadeiro e a sua imortalidade.

No seu caminho fatídico, ele recebe uma tarefa difícil após a outra, é impelido de um ato de loucura homicida para o próximo, submete-se repetidamente a autopunições, envia-se pessoalmente para o degredo, e desesperado consulta várias vezes o oráculo. No entanto, guiado repetidamente por orientações sábias, realiza vários atos heroicos para a felicidade dos homens.

Finalmente, ele chega à corte do Rei Euristeu, seu inimigo mortal, que se tornara rei de Micenas por causa de uma intriga da deusa Hera e, por conseguinte, estava em uma posição mais elevada do que Héracles. Originalmente, porém, essa dignidade real estava destinada a Héracles, razão pela qual Euristeu queria livrar-se urgentemente do perigoso rival. Ele incumbiu Héracles – que até então já realizara, de maneira magistral e inabalável, outros onze trabalhos repletos de perigos e aventuras, entre eles, matara a Hidra de nove cabeças, capturara o selvagem Javali de Erimanto e colhera as maçãs de ouro consideradas intocáveis do Jardim das Hespérides – no intuito de eliminá-lo agora de modo definitivo, do décimo segundo trabalho, que parecia absolutamente insolúvel.

Ele deve dominar Cérbero, o cão do inferno, e trazê-lo à corte. Ali se pretende vê-lo. Para Héracles, esse desafio foi determinante, porque ele poderia provar quão formidável realmente era e quão a sério levava o seu processo de individuação.

Héracles não se preocupa com a intenção efetivamente homicida de Euristeu. Ele leva a questão a sério; sabe que Cérbero é indispensável no portal do Hades, pois ali tem de manter a ordem, ali precisa separar os vivos dos mortos, a luz da sombra. Nada escapa a ele. Suas três cabeças indicam as três dimensões do tempo: o passado, o presente e o futuro. Somente aquele que o dominar, domina também o tempo e se torna pessoalmente imortal. E Héracles quer ter parte na divindade do seu pai. Nesse sentido, esse último desafio excede em muito uma prova de força; para Héracles, o que está em jogo é o sentido da sua existência.

Em termos psicológicos, esse trabalho pode ser interpretado como um último passo em um caminho de mistérios, pois a descida para o submundo parece uma imagem simbólica da descida para a própria profundeza da alma. Lá embaixo, porém, nas profundezas do inconsciente, estão à espreita também os monstros peçonhentos, as vozes falsas da própria natureza, as tendências negativas e obscuras. Eles são aquilo que tem de ser detectado e dominado. O herói tem de passar por eles, só assim ele pode realmente libertar-se, sair purificado do seu combate pela vida e alcançar uma nova dimensão da sua existência.

Hades, o deus do submundo, estabelece como condição para o duelo que Héracles não utilize nenhuma arma se quiser vencer o Cérbero. Deve combater com a própria força, nu e verdadeiramente. A preparação de Héracles inclui a iniciação nos mistérios eleusinos. Após as respectivas purificações e preparativos rituais, ele se põe a caminho. Em uma luta violenta, ele vence o cão do inferno, arrasta-o para a corte de Euristeu, exibe-o e o devolve incólume ao Hades. Assim a ordem continua a existir.

Com essa vitória, Héracles tornou-se pessoalmente um fronteiriço. Dessa aventura, ele sai incólume, porém transformado. A experiência em ambos os mundos, o terreno e o não terreno, é a condição para a maturidade psíquica. Héracles integrou a natureza do cão, sua vigilância, sua instintividade e sua capacidade de mudar para a esfera do suprarreal, e, por conseguinte, tornou-se pessoalmente intocável.

Da saliva que Cérbero cospe sobre a terra – por causa do abraço sufocante de Héracles e da cegueira provocada pela luz do dia – crescem plantas venenosas. Assim teria surgido a planta *aconitum*. O *aconitum* faz parte das plantas alcaloides cujo veneno é o acônito. Ele causa, entre outras coisas, paralisia nas extremidades externas. Quando misturavam esse veneno às suas porções alucinógenas durante certos rituais, as bruxas de Tessália tinham a impressão de voar, pois não sentiam mais os seus pés. Elas se elevavam para esferas supramundanas – também isso uma indicação da mudança entre experiência real e irracional. Com seu veneno, Cérbero deixou para a esfera terrena, por assim dizer, uma receita para a possibilidade de um deslizar-para-lá-e-para-cá entre ambos os mundos.

E Héracles torna-se, após esse último ato que era tido por insolúvel, reconhecidamente o maior herói de todos os tempos.

Também na mitologia egípcia, o cão tem grande importância. Segundo a crença egípcia antiga, Anúbis é o deus dos mortos. Ele é representado como um homem com cabeça de cão ou inteiramente na forma de um cão. Compete-lhe vigiar os preparativos para o sepultamento, sobretudo a cerimônia de embalsamamento, e de realizar a transição dos mortos para o reino dos mortos. Além disso, ele guarda o túmulo dos mortos.

As concepções do além eram bastante disseminadas no antigo Egito, e assim era importante que o falecido alcançasse um bom além. Por isso, Anúbis, que detinha o controle sobre os rituais de transição mais complexos, era altamente venerado.

Certamente a maneira de representar São Cristóvão em ilustrações cristãs primitivas, a saber, como um homem com cabeça de cão, remete para o parentesco com a divindade egípcia Anúbis.

Hoje, Cristóvão faz parte dos quatorze santos de emergência. Ele é invocado como protetor dos viajantes, dos peregrinos, dos motoristas e dos arrais. Também guarda caminhos e passagens; acredita-se que proteja dos acidentes e também da morte desavisada.

Cristóvão é conhecido desde épocas cristãs primitivas. De acordo com a lenda, ele era um gigante que se ocupava como barqueiro, mas não precisava de nenhum barco, pois era tão forte que carregava as pessoas sobre os próprios ombros para a outra margem de um rio. Acerca da sua forma com uma cabeça de cão, há diversas lendas. Assim, ele teria sido um monstro de nome Reprobus, do povo dos cinocéfalos, aquele com cabeça de cão – uma concepção ou fantasia mágica dos missionários primitivos sobre os pré-humanos pagãos, a qual provavelmente remonte a Anúbis.

Um dia aconteceu que Cristóvão veio a transportar uma criança que lhe pareceu bem estranha, pois durante a travessia do rio ela foi ganhando peso e ficou tão pesada que ele teve a impressão de carregar nas costas o mundo inteiro.

Nessa criança singular ele teria reconhecido a Cristo, depois do que se deixou batizar e tornou-se Cristóvão, o portador de Cristo. Na outra margem do rio, onde pôs Cristo no chão, a antiga religião transformou-se em uma nova fé.

E o lobo?

Sua ferocidade alucinante e ligeira, o cão deixou para trás com seus pais primitivos, os lobos. Sobretudo no Hemisfério Norte, produziram-se mitos acerca do lobo como um animal terrivelmente selvagem e guerreiro, mitos que estavam associados a misteriosos rituais noturnos de masculinidade. Quando se encontravam e se cobriam com peles de lobo, os homens transformavam-se em lobos também, e assim surgiu a crença nos seres híbridos, nos homens-lobo, nos lobisomens. Em determinadas noites, os homens transformavam-se em lobos, especialmente na lua cheia. E sob a influência de rituais de preparação para a guerra, homens envoltos em peles de lobos desenvolviam um desejo de combater especialmente cruel e alucinante.

Desse modo, também o deus Odin tinha os seus guerreiros-lobos ou guerreiros-ursos, lobisomens ou *bersekers*.

No lobo encontra-se o indômito, o selvagem impulsivo, o devorador desimpedido, em uma palavra, o mal. Em todo caso, é assim que parece a projeção no lobo, o qual deve ter representado e ainda representa um perigo real para as pessoas que vivem nas estepes nórdicas isoladas, quando irrompe em suas terras de cultivo ou ataca os caminhantes.

O início do famoso livro infantil *Onde vivem os monstros* (2), de Maurice Sendak faz lembrar o lobisomem. Lê-se: "Na noite em que Max vestia sua fantasia de lobo..." Max é um

menino que uma noite só fez bagunça. Ele é rebelde, malcria-
do e atormenta até seu próprio cão. Sua mãe o repreende:
"Monstro!" E Max responde: "Olha que eu te devoro!" Não
é possível amansá-lo. Mandado para o seu quarto, ele parte
para uma viagem imaginária, bem distante sobre o mar, ao
encontro de outros monstros, com os quais realmente extra-
vasou suas energias. Torna-se rei dos monstros e os domina,
e então eles adormecem. Em seguida, Max se acalma, e um
aroma tentador de comida leva-o de volta para a realidade,
para casa.

No entanto, a atração devoradora, o devorar do lobo, é
altamente ambivalente em termos psicológicos. A expressão
"preferia devorar-se" faz parte do canibalismo do amor, que
quer incorporar o amado para tê-lo inteiramente para si. "Gosto de devorar-te" – Sigmund Freud denomina essa brincadeira, que se pode fazer com crianças recorrendo a esse devorar,
"a reprimenda meiga". Nesse sentido, para sua época, talvez
se devesse entendê-la como uma repreensão ameaçadora em
tom divertido. "Espera só, se não te comportares, devoro-te."
Para uma criança pequena, trata-se de uma brincadeira pavo-
rosa. Ela é respaldada pela figura de um animal que pratica o
ato de devorar, um lobo, um tigre, um urso. Contudo, no caso
de crianças pequenas, para as quais a dimensão mágica ainda
está bem próxima, pode-se observar que a brincadeira mágica
frequentemente vem acompanhada de arrepios e sustos e, às
vezes, também deixa medos permanentes.

Na descrição do caso do jovem paciente russo que sofria
de uma fobia de animais, conhecido na literatura analítica
como "o homem dos lobos", Freud descreve que seu paciente, já no início da infância, com 4 anos, teve um sonho com
lobos, um sonho de medo tormentoso, e que sua fobia de

lobos na infância foi reavivada posteriormente por um professor de nome Wolf [lobo]. Às imagens oníricas que causavam medo somou-se ainda uma ilustração de um conto de fadas que apresentava um lobo que estava em pé, ereto, à procura da jovem cabritinha.

O tratamento da problemática altamente complicada e multifacetada do "homem dos lobos" trouxe à luz uma neurose obsessiva, cujos detalhes e razões não serão abordados aqui. Contudo, uma de suas condições será brevemente mencionada: O pai da criança fazia com ela a brincadeira: "Gosto de devorar-te!" Essa ternura, contudo, ligou-se na vivência da criança, entre outras coisas, com uma observação precoce do coito dos pais, que expôs ao olhar da criança um pai que estava em pé de modo ameaçador como o lobo no livro de contos e uma mãe agachada diante dele como um animal. A mistura dessas imagens diferentes e a excitação infantil associada a elas causaram um desenvolvimento psicossexual doentio, intensamente confuso.

Conhecemos a temática do lobo devorador e dominador também do conto de fadas da Chapeuzinho Vermelho. E, como lá, os lobos gostam de aparecer com intenção impulsiva, como de costume, primeiro em pele de cordeiro. Eles falam com simpatia e presenteiam doces, antes de devorar. Inclusive o lobo, que vestido de vovó espera na cama pela Chapeuzinho Vermelho, esconde sua intenção má atrás do espelho, que soa como uma oferta de relação: "Por que tem as orelhas tão grandes?" – "É para te ouvir melhor". – "E por que tem olhos tão grandes?" – "É para te ver melhor". Em um primeiro momento, isso soa de fato como algo bem afável.

O intenso desejo de combate atribuído ao lobo convinha também à ideologia nazista. Locuções com o termo "lobo" deveriam sugerir potência e invencibilidade. Assim, por exemplo, o quartel-general de Hitler nas florestas da Masúria chamava-se "a Toca do Lobo". Tratava-se aí de um vasto sistema secreto de *bunkers* que serviu de quartel do Estado-maior das Forças Armadas Alemãs.

Em comparação, a designação "lobinho" para o primeiro nível de escoteiro masculino na Suíça é verdadeiramente meiga. Aqui as forças do lobo devem ser desenvolvidas em sentido positivo e empregadas para auxiliar as outras pessoas.

O cão como símbolo no sonho

O cão simboliza, em primeira linha, a instintividade. Encontrar instintivamente o seu caminho, algo assim poderia ser considerado o cão intrapsíquico. Farejar o cão em si mesmo pode significar reencontrar seu próprio faro, que frequentemente é vítima da racionalidade e das justificativas aparentes. O faro como percepção voltada para dentro atrofia-se quando a pessoa se ajusta demais, orientando-se principalmente nas tendências e nas opiniões predominantes e deixando de ouvir as próprias vozes interiores. Quando as mães, por exemplo, cuidam de seus filhos seguindo estritamente a cartilha, não escutam mais seus instintos, seguem padrões exteriores, ao invés de perceber seu filho como um ser individual para o qual é preciso tomar decisões por conta própria.

A atitude de escutar atentamente às vozes interiores e de perceber os impulsos imediatos e os estímulos espontâneos poderia ser descrita, na Psicologia Analítica, como o caminho para dentro. Em todo caso, através de uma atenção voltada para dentro pode-se dar início, às vezes, a uma nova visão sobre determinada situação. O que importa é farejar ao longo do próprio rasto. Também nesse aspecto, o cão revela-se um animal espiritual, um guia espiritual. Outros significados do cão permitem ser derivados, conforme o contexto, dos episódios com cães nos sonhos, nas imaginações ou nas fantasias. O cão corporifica, ao contrário do lobo, a impulsividade domesticada. Ao passo que o lobo, por causa de sua voracidade, pode representar simbolicamente um anseio infantil, um poço sem fundo, o apetite vital do cão é visto simbolicamente como um importante elemento da vida, que tem de ser ativado ou reconquistado.

O seguinte exemplo oriundo da psicoterapia analítica evidencia como o símbolo onírico do cão levou a novos impulsos vitais.

Um homem teve, ao longo de uma psicoterapia analítica de vários anos, diversos sonhos com cães. No passado, ele mesmo teve um cão que, no entanto, havia morrido. Esse cão deve ter sido, no seu período final, uma espécie de "go between" entre ele e a sua esposa. "Quando ainda tínhamos o cão, conseguíamos conversar um com o outro." O casal viveu separando-se um do outro, ou seja, como ficou claro ao longo da análise, nunca chegou a ter de fato uma convivência, pois desde o início o relacionamento careceu de fascinação recíproca, de anseio erótico e de interesses comuns. Era uma relação adequada às normas sociais, baseada puramente em considerações práticas. Fazia-se junto o que habitualmente "se" faz junto, mas sem entusiasmo.

O homem se sentiu seco e vazio e começou a duvidar do sentido da sua existência, embora fosse muito bem-sucedido profissionalmente. Ele pensou em mudança, talvez até em separação, embora não conseguisse expressar isso e, inicialmente, tenha rejeitado a ideia. Eram ideias perigosas, pois o ambiente familiar era muito conservador. Somou-se a isso o fato de ter sido marcado por uma imagem paterna negativa, com a qual ele não podia se identificar. O seu pai havia dominado de forma autoritária a sua esposa, a mãe desse homem, além de abandoná-la e atormentá-la com sua infidelidade. E isso ele não podia nem queria repetir em hipótese alguma.

Quando, porém, as tensões interiores e a insatisfação com a situação de vida estagnada e, assim, também as dúvidas foram se intensificando, ele teve alguns sonhos envolvendo um cão que involuntariamente ameaçou ferir e inclusive um dia feriu gravemente, quando o cão correu para debaixo do seu carro. Nesses sonhos geralmente ele estava sentado em seu carro, tentava andar, mas não conseguia sair do lugar, nem para frente nem para trás; ou o lugar era muito estreito para fazer o retorno ou ele andava de ré para fora da garagem e arriscava deslizar por uma ladeira abaixo. E o cão sempre estava por perto, ele não queria se afastar, embora corresse permanentemente o risco de ser atropelado. Os sonhos confundiam o homem; e principalmente o cão, que ele quase matou, abalou-o profundamente.

Nessas imagens oníricas revela-se bem nitidamente uma grande insegurança. O carro, como um veículo de vida autônomo, dificilmente ainda pode ser guiado. E caso se deva entender o cão como uma expressão simbólica dos instintos salutares do homem, os quais gostariam de lhe indicar a direção, então ele corria o perigo de no cão matar psiquicamente a si mesmo; em outras palavras: dedicar-se à autossabotagem. Nesse caso, o cão evidentemente não cumpriria sua tarefa como companheiro fiel e cão farejador. Em razão disso, o homem começou a refletir mais seriamente sobre a sua situação de vida, e estava diante da tarefa de agir de modo mais determinado.

Quando ele sonhou novamente com um cão, um cão que estava diante dele e o olhava bem diretamente, buscou tornar a imagem do sonho mais nítida por meio do desenho. E ao se esforçar intensamente em dar uma forma concreta para o cão, entrou em contato com seu "cão interior". Daí nasceu uma disposição de tomar realmente a sério os seus sentimentos de vida ruins.

Em uma outra imagem onírica, ele viu uma sequência de três homens de seu círculo familiar que estavam parados em pé. Todos eles estavam virados para uma parede, permaneciam ali e dirigiam o olhar fixamente para ela. Depois de algum tempo, ele sentiu um leve toque na sua perna, e ao se voltar para trás, viu atrás dele o cão, que o tocou com o focinho e agora estava prestes a subir uma pequena escada, indo ao encontro de uma porta aberta. Para onde a porta levava não se conseguia ver. Em todo caso, porém, tratava-se de uma saída. Então, o homem se desvencilhou da fila dos homens que permaneciam hirtos e seguiu o cão que o levou, por uma pequena escada, para outro nível, em termos simbólicos, para um novo nível da consciência.

Nessa cena pode-se reconhecer o cão do tarô, que puxa a calça do louco. Também aqui ele quer dizer: "Vive enfim a tua própria vida. Busca o teu próprio caminho. Envolve-te no jogo da tua vida".

Agora era possível uma análise aberta e crítica do seu atual estilo de vida, que ele partilhava com os homens da fila. Todos eles eram íntegros, mas tão inabalavelmente hirtos, que era como se eles tivessem uma tábua diante da cabeça e só conseguissem permanecer assim imóveis. Ali já não existia mais nada da alegria da vida ou da emoção espontânea e prazerosa que excede o absolutamente necessário. O sonho mostrou nitidamente ao homem uma vida que, na realidade, ele não queria mais. Dela ele tinha de sair. E, na sequência, ele se atreve a exprimir cada vez mais enfaticamente as suas tendências e os seus desejos interiores e também a modificar correspondentemente a sua situação.

O cão lhe havia indicado a direção.

Cães famosos

Frederico II, rei da Prússia, chamado o "velho Fritz", tinha uma relação muito amável com os cães. Ele amava os cães e apreciava principalmente o galguinho italiano. Seus onze cães favoritos estão enterrados sob blocos de pedra ao lado do terraço do Palácio de Sanssouci. Como filho de um pai extraordinariamente rigoroso que lhe impôs a "disciplina prussiana", Frederico II, o grande estrategista e senhor da guerra rigoroso, ansiou por afeição ao longo da sua vida. Ao contrário do que enxergava nas pessoas, ele via os cães somente como criaturas boas com características encantadoras; só por eles sentia-se incondicionalmente aceito e amado.

Sua cadela favorita chamava-se Thisbe, e a respeito dela disse: "Vocês ficarão admirados com o fato de que um homem velho como eu possa se apaixonar por um pequeno cão. Thisbe foi minha companheira permanente durante quatorze anos. Quando não conseguia dormir à noite, ela se deitava ao meu lado e me olhava de modo bem especial, como uma boa pessoa. Esses olhos eu nunca vou poder esquecer".

A lista de cães famosos e de pessoas que contam suas aventuras com cães é interminável. Desde Plisch e Plum, os cães travessos publicados por Wilhelm Busch, até a fiel Lassie. Do inteligente Rex na série policial *Comissário Rex*, passando por Milu, o inteligente cão do repórter Tintim, do autor e desenhista belga Hergé até o cão falante Wum (do humorista Loriot), que junto com seus amigos reflete sobre a possibilidade de adquirir um homem. Do cão de resgate São Bernardo com seu pequeno barril no pescoço passando pelos Dálmatas de Walt Disney até Ideiafix, o ardiloso cão de Obelix.

Não se deve esquecer de Terrier Nipper, que como cão que escuta diante da corneta do gramofone levou-o à fama mundial. "His master's voice" chama-se a pintura do pintor Francis Barraud. Ela chegou às mãos do homem de negócios e produtor Emil Berliner, que logo reconheceu a eficácia publicitária do motivo para sua empresa discográfica e a comprou em 1899 junto com Copyright por 100 libras. Nipper levou a empresa ao sucesso mundial. E até hoje ele está sentado com suas orelhas apontadas diante da grande corneta, escutando.

A história de um cão famoso e de sua fidelidade inabalável é contada também na mitologia grega: Quando Odisseu retorna para casa depois de muitos anos e se aproxima de seu castelo como um mendigo e ninguém o reconhece, deitado sobre o monte de esterco diante do portão está o seu cão primitivo Argos. Ele está tão abandonado e debilitado pela idade que Odisseu não o reconhece. Argos, porém, se levanta, "abana o rabo e balança as orelhas, as duas. Contudo, ele não consegue mais chegar ao seu senhor". Assim Homero descreve a morte de Argos, cuja vida se consumou com a espera pelo seu senhor.

Artur Schopenhauer era louco por poodles. Ele admitiu certo dia que não queria ter vivido se não existissem cães. Diz-se que conversava horas a fio com os seus cães, que lhes expunha suas ideias. Schopenhauer levava uma vida solitária; ele não buscava o convívio com as pessoas. Os homens, ele considerava dispensáveis, e, as mulheres, ele desejava poder achá-las dispensáveis. Seu amor era dedicado aos cães.

Seu amado poodle Butz, que ele também chamava "alma do mundo", deve ter sido tudo para ele. Butz dormia sobre uma pele de urso e acompanhava Schopenhauer em seus passeios por Frankfurt e para as refeições no "Englischen Hof". Eles eram uma dupla famosa.

Em ilustrações antigas de salas de estudo ou de ermitagens, sobretudo da pintura da Renascença, vê-se com frequência um cão ou pelo menos um cãozinho deitado aos pés do sábio ou do santo. É como se o cão, através de sua presença despretensiosa, auxiliasse seu senhor no pensar, no escrever. Ele protege o umbral para o mundo exterior e mantém afastado tudo o que perturba.

No tarô, o antigo jogo de cartas da sabedoria e da profecia, o cão desempenha um papel na figura do Louco, "Le Mat". Trata-se da carta com o número 0 ou 22. Essa carta está fora do círculo dos assim chamados Arcanos Maiores (número 1 até 21); ela representa o início e o fim do círculo e emoldura o grande jogo, cujas 21 figuras contêm o saber secreto do mundo. Ou seja, ao contrário do pequeno jogo, dos Arcanos Menores, que com suas quatro vezes 14 cartas somam bem mais figuras e respondem perguntas do cotidiano, aqui aparecem os grandes temas arquetípicos, que são relevantes para cada pessoa e diante dos quais ela tem de aprender a se portar. Trata-se, por exemplo, do poder, do destino, da sabedoria, da decisão, da morte e do amor. Com a explicação e a interpretação dessas cartas, busca-se esclarecer a própria situação de vida e relacioná-la com os temas arquetípicos coletivos, a fim de estimular a responsabilidade própria e o desenvolvimento psíquico.

O cão puxa as calças do Louco; em algumas ilustrações, ele inclusive morde a sua panturrilha, como se quisesse chamar a atenção para alguma coisa. O Louco parece andar bem despreocupado pelo caminho; em todo caso, ele não presta atenção ao caminho, ele não olha por onde anda. Com toda certeza, o cão quer convidá-lo a levar mais a sério o seu caminho de vida, quer convidá-lo a entrar no jogo da vida. Ele alerta para o desatino do ser humano. Ele convida à atenção plena.

A abelha

Por todos os lados, a terra verdeja. Nas florestas e nos jardins desabrocham as flores: prímulas, margaridas, anêmonas e o primeiro dente de leão. Nos prados, os amentilhos dos salgueiros. No sul, já floresce o alecrim. Um zumbido está no ar e atravessa o dia ensolarado e quente. Até que enfim!

Primeiro vêm os abelhões; e, em seguida, saem enxames de abelhas, atraídas pelo colorido das flores, à procura do primeiro néctar. Logo, as macieiras e cerejeiras irão florir e proporcionar fartas colheitas. A atividade intensa das abelhas, seu coletar e zumbir confunde-se com o vai e vem gorjeante dos pássaros que estofam seus ninhos. Zum, zum, zum, abelhinhas zumbem ao redor...

Com esse prelúdio, tudo se renova. Sentimo-nos seguros do retorno da vida. E pensamos no fio de ouro que escorre serpenteando sobre o pãozinho do nosso café da manhã.

A abelha melífera ocidental, originalmente conhecida só na Europa, África e no Oriente Médio, torna-se nativa aqui só após a última era do gelo com o reinício da colonização, e, conforme a espécie, abriga-se em cavernas e habita em nichos de muros ou em colmeias suspensas. Em termos de história evolutiva, contudo, fala-se de uma idade das abelhas de 50 milhões de anos ou mais. Uma abelha preservada em âmbar encontrada em uma escavação de argila em Nova Jersey teria 90 milhões de anos. Tais períodos de tempo são inimagináveis. E ainda assim a abelha está lá encravada em um grumo de resina fóssil, tão dourada quanto seu próprio produto, o mel.

Como animais domésticos, as abelhas são mantidas em colmeias construídas especialmente para elas, os apiários. Ou seja, quando se fala da abelha, obviamente trata-se da colmeia, pois a abelha individual só existe em conexão com seu enxame, em cujo sistema está integrada e desempenha uma função bem específica. As abelhas que vemos entrando nas flores e ressurgindo polvilhadas de amarelo são encarregadas da tarefa da recolha do nectar e do pólen.

As abelhas, à semelhança de alguns outros insetos, como, por exemplo, as formigas, os cupins, as vespas e os abelhões, estão entre os insetos formadores de colônias. Isso significa que as funções dos membros individuais, ou seja, dos grupos de membros – no caso das abelhas, as coletoras, as operárias, as soldados e as limpadoras – são definidas de modo estrito e especializado. A colmeia se organiza com base na efetiva cooperação e na divisão do trabalho. Ela é conduzida por uma força misteriosa que desconhece qualquer manifestação física. Tampouco a rainha, que constitui o centro da colmeia e é muito superior às outras abelhas, tem poder. Na colmeia não existe um chefe que dá o tom, como o galo no galinheiro ou a vaca que guia o rebanho no pasto. A rainha age tal qual as demais abelhas como parte do todo e cumpre a sua função. Como um enorme útero do enxame inteiro, ela precisa pôr milhares de ovos; e, por isso, será correspondentemente assistida e alimentada.

Fala-se, no caso das abelhas, assim como no de outros insetos que vivem em coesão semelhante, de uma inteligência coletiva, no sentido de que todas as atividades se orientam para o bem da comunidade. Nesse caso, a comunicação entre os diversos grupos no interior da colônia e também no interior de um grupo tem de ser garantida. O saber coletivo vale mais do que o saber individual. É por isso que as abelhas repassam suas informações imediatamente para o enxame. Quando, por exemplo, uma abelha individual perde a memória de uma boa fonte de alimento depois de alguns dias, esse conhecimento já foi assimilado há muito tempo pelas outras abelhas, pois ela repassou imediatamente as coordenadas do trajeto na assim chamada dança das abelhas. Uma vez que a transmissão de informações tem de funcionar no escuro, sim no breu total da colmeia, isso só é possível por meio de certas vibrações que são filtradas pelas receptoras a partir do zum-zum-zum geral.

Quando se fala de abelhas, trata-se do enxame de abelhas ou da colmeia. E o apicultor é aquele que cuida e explora as abelhas.

Usual, porém, é a designação abelha melífera, do latim *apis*. Abelhas são insetos dóceis. Elas ferroam somente em legítima defesa e, nesse ato, ferem-se a ponto de morrerem.

Os produtos das abelhas

As abelhas voam de flor em flor, sugam o néctar das inflorescências e coletam o pólen. Elas depositam sua colheita e o mel daí produzido em câmaras de favos de cera destinadas para os períodos em que nada há para coletar. É por isso que o apicultor que tira e centrifuga todo o mel dos favos tem de providenciar uma substituição. Ele alimenta e cuida do enxame e busca protegê-lo de doenças.

O mel é um líquido espesso que vai de amarelo suave a marrom castanho, dependendo das flores do qual procede. E, de modo correspondente, tem gosto bastante variado. Visto que as abelhas de fato são "apascentadas" – ou seja, alguns apicultores viajam com suas abelhas em busca de plantas em flor e as liberam justamente onde há floração e onde eles as querem, no pasto, na floresta de abetos, nas acácias ou na lavanda –, assegura-se assim a produção de um tipo de mel bem específico.

Há mel no café da manhã, mel no leite por ocasião de resfriados, mel nos biscoitos natalinos, mel para adoçar a sobremesa e um pouco de mel no maxilar de uma criança quando nasce a dentição, pois o mel suaviza, e atua como antibacteriano e anti-inflamatório. Inúmeros componentes, entre os quais diversos açúcares, vitaminas, proteínas, pólens, minerais e enzimas, tornam o mel uma panaceia indispensável que, na condição de doador de energia de rápido efeito, ajuda a refazer o organismo debilitado. O mel teria a propriedade de fortalecer o sistema imunológico e auxiliar as funções desintoxicantes do fígado. Contudo, mesmo sem saber disso tudo em detalhes, o mel já foi sempre um remédio caseiro de eficácia comprovada no tratamento de inúmeros sintomas patológicos. Não surpreende que tenha sido um componente de certos rituais inclusive já nas culturas antigas.

Além do mel, que vem à mente sempre em primeiro lugar quando se trata de um produto das abelhas, há também outras substâncias de grande valor. O pólen, que as abelhas levam para a colmeia em cavidades de suas pernas traseiras, tipo cestinhos, como alimento destinado para elas mesmas, é um suplemento alimentar valioso também para as pessoas por causa de suas inúmeras substâncias ativas. É recomendado

O animal como símbolo nos sonhos, mitos e contos de fadas   73

para a falta de apetite e auxiliaria nos casos de inflamação intestinal crônica e de anemia, e também acalmaria o sistema nervoso vegetativo.

Outra substância importante é a própolis. *Propolis*, grego "diante da cidade", é uma massa utilizada pelas abelhas para reparar e proteger a sua colmeia. É obtida pelas abelhas coletoras especiais a partir de resinas vegetais. Estas são misturadas com cera e pólen e tornadas flexíveis com secreção salivar. Surge assim uma massa utilizada para retocar os favos, rejuntar frestas e reduzir também outras aberturas que se tornaram muito grandes, a fim de proteger a colmeia contra invasores. Sobretudo, porém, a própolis como antibiótico natural protege a colmeia de infecções. Assim, por exemplo, antes da desova, os alvéolos destinados para esse fim são desinfetados com uma fina camada de própolis. E até mesmo certos invasores – como, por exemplo, insetos estranhos ou cobras e ratos, que até podem ser vencidos e mortos com picadas, mas que, em virtude do seu peso, não podem ser removidos da colmeia – são cobertos com própolis para evitar o surgimento de focos de infecção pelo processo de deterioração.

Essa substância especialmente rica em vitaminas, que auxilia o sistema imunológico, adquiriu uma importância crescente também para a saúde das pessoas.

Seus alvéolos, no entanto, são feitos a partir da cera das abelhas. Essa tarefa cabe às abelhas operárias. De glândulas ceráceas do seu abdômen secretam finas escamas de cera que pela mastigação são transformados em uma secreção fornecendo o material para a confecção dos favos.

É impressionante a precisão com que as câmeras hexagonais são construídas uma ao lado da outra. Isso levou já Galileu Galilei e João Keppler a especularem a respeito da habilidade matemática das abelhas. Pesquisadores modernos, contudo, comprovaram que os favos na realidade são construídos como elementos ocos arredondados, e, em seguida, através da pressão da estreita proximidade de um com o outro e da respectiva temperatura, dispõem-se em configurações hexagonais. Também no caso de bolhas de sabão suspensas umas nas outras pode-se observar que a parede que separa essa configuração fina e arredondada representa uma divisória completamente plana.

Entre as fantásticas substâncias ativas fornecidas pelas abelhas encontra-se obviamente também a *Gelée Royale*, tão cobiçada pelo segmento de cosméticos e utilizada na prevenção do processo de envelhecimento humano –, assim chamada porque é o alimento essencial não só das abelhas jovens, mas principalmente da própria rainha. Ela é alimentada com essa substância especial durante toda a sua vida, e dela retira a energia para pôr 2.000 a 3.000 ovos diariamente. Ora, é preciso imaginar o que significa para a colmeia privá-la permanentemente dessa substância essencial. Por causa do enorme nível de estresse a que se submete a colmeia, o comércio de *Gelée Royal* bem como de própolis é algo realmente condenável.

A cera das abelhas também é utilizada na indústria farmacêutica e cosmética para a produção de pastas, cremes e batons. E, além disso, as guloseimas à base de gelatina, como, por exemplo, as balas de goma, são revestidas com cera de abelha para evitar que colem umas nas outras. Não por último, a cera das abelhas é considerada como portadora de luz, quando serve para a fabricação de velas. A remoção dos favos velhos dos quais se obtém a cera é menos prejudicial para a colmeia, sendo, inclusive, necessária por razões sanitárias, e o apicultor providencia imediatamente a sua reposição.

A maior contribuição das abelhas, no entanto, indispensável para a manutenção do ser humano e de muitas espécies de animais na terra, consiste na polinização das plantas que elas visitam ao coletar o pólen e o néctar. No ato de passar roçando nas plantas, levam o pólen masculino para os receptores femininos e asseguram assim o desenvolvimento do fruto. Esse "serviço às plantas" que, na perspectiva das abelhas, é um efeito colateral de sua atividade coletora, revela ser tão importante para a economia mundial que, no meio científico, manifestam-se temores de que inclusive o ser humano não conseguiria sobreviver caso as abelhas viessem a desaparecer. Diante disso, os fabricantes e distribuidores de inseticidas e pesticidas altamente tóxicos se limitam a dar uma resposta cínica.

Nos Estados Unidos deve ter desaparecido, nos últimos anos, um em cada quatro dos 2,4 milhões de enxames de abelhas. Agora ambientalistas e também artistas engajados reagem a essa situação dramática, movidos por uma visão integrada e não logocêntrica. A 13ª edição da mostra Documenta, em Kassel, realizou-se sob o signo do ceticismo diante de uma crença obstinada no crescimento econômico ilimitado. Esses artistas defendem que, assim como as abelhas organizam a sua colônia, também o ser humano deve se ocupar com áreas de abastecimento menores e se abster de uma economia centrada no crescimento em escala global. Em Kassel, abelhas reais voavam em torno dos visitantes. Afinal de contas, quem melhor para defender esta ideia do que elas mesmas?

A abelha na linguagem e como animal heráldico

Dada a importância da abelha para o ser humano, é bem natural que esse fato se reflita também na linguagem e que se recorra a seus produtos para fazer analogias.

Quando alguém se adapta docilmente, comporta-se como "cera nas mãos". "Doce como o mel" é o tom de uma pessoa que quer adular; ou reina um vai e vem "como em uma colmeia". Quando estudantes são enviados pelo professor para procurar alguma coisa, "eles saem como um enxame de abelhas".

Fala-se da "aplicação das abelhas", da diligência infatigável das abelhas. Assim como para as formigas, aplica-se às abelhas o adjetivo "diligente": sempre trabalhando. O ato de coletar e juntar serve para muitos exemplos. Inclusive as prostitutas são chamadas de abelhas, são "abelhas atrevidas", que se desdobram e juntam para seus proxenetas. "Honey" é, no mundo anglo-saxão, uma expressão popular de carinho. Até mesmo uma pessoa desconhecida é abordada com "darling" ou "honey" quando, por exemplo, tem de aguardar, ou quando, como ocorria muito no passado, uma ligação telefônica não se completava. Aí se ouvia: "Hold on, honey, hold on." A situação desagradável é adoçada.

Certo bolo popular chama-se "picada de abelha": um bolo de trigo recheado com *créme* e com uma cobertura de amêndoas e mel. Bolo de mel ou pão de mel há no Natal, e um cavalinho de bolo de mel é pendurado na árvore de Natal.

E na expressão "Abelhinha, abelhinha, dá-me mel!", do clássico número do palhaço, o bobo Augusto, ao mendigar encarecidamente por algo doce, leva um jato de água e é lembrado com aquele riso de quem se alegra com a desgraça alheia.

Segundo L. Röhrich, a locução "passar mel na boca de alguém" está relacionada com o costume chinês de, uma vez ao ano, passar mel nos lábios da imagem do deus do fogão e da cozinha, o qual faz um relato a respeito dos moradores da casa para o deus celeste, para que este tenha uma disposição amigável (3).

No século XVI, conferiu-se à abelha um lugar de honra no brasão de um papa: Urbano VIII, um aplicado construtor do barroco romano, gravou três abelhas no seu brasão. Ele teve de fazê-lo, pois descendia de uma família de nome Tafani. Tafani, porém, são as mutucas picantes; e esse fato alguém como ele, que alcançou elevada reputação, não podia aceitar. A família adotou o nome da sua propriedade na Toscana, Barberini, e com o recurso às abelhas logo desapareceria também a lembrança das mutucas picantes. Sua infatigável atividade construtora, que entre outras obras beneficiou também a Basílica de São Pedro, lamentavelmente não ficou imune a qualquer questionamento, pois com uma aplicação construtora típica de abelha e com a pompa e o apego ao poder papal estava prestes a aniquilar a herança arquitetônica da antiguidade romana. Ele liberou para a pilhagem prédios, ruínas e templos históricos, que foram derrubados ou completamente despojados de seus valiosos adornos, para que o material fosse levado para as igrejas e os palácios. E assim se cunhou a expressão: "Quod non fecerunt barbari, fecerunt Barberini". ("O que os bárbaros não conseguiram fazer, fizeram os Barberini.")

Em um fio de ouro bordado sobre o manto de coroação de Napoleão I a abelha aparece como imagem do poder imperial – um significado antigo: Por causa da rígida organização de sua colmeia, a abelha era considerada, já pelos sumérios e pelos antigos soberanos do Baixo Egito, um símbolo da monarquia. O grande indivíduo no papel do monarca divino que representa seu povo foi expresso no antigo Egito muitas vezes através do hieróglifo da abelha. Será que Napoleão, um admirador da cultura egípcia, deixou-se inspirar aí? As abelhas, em todo caso, estão presentes no brasão da família Bonaparte.

A abelha na mitologia e na religião

A utilidade da abelha bem como seu estilo de vida misterioso, não transparente para as pessoas das culturas antigas, já há muito tempo lhe rendeu veneração divina. Porque ela reaparece com as primeiras flores da primavera ou enxameia com os primeiros raios quentes do sol da manhã, foi associada no Egito com o deus do sol Rá. Suas lágrimas, as reluzentes gotas de orvalho que caem na terra pela manhã, foram produzidas pelas abelhas operárias. Para os antigos egípcios, a abelha é doadora da vida; ela simboliza o nascimento, a morte e a ressurreição. As almas dos mortos podem entrar nas abelhas e com elas sair voando para chegar ao Reino dos Céus. E, como mensageiras aladas, as abelhas transmitem mensagens ao mundo dos espíritos.

O elemento mais difundido nas diferentes culturas – da Europa até a China – é a veneração das abelhas como corporificação da aplicação, da ordem e da pureza. Por causa de sua cooperação inteligentemente coordenada e de sua infatigabilidade – acreditava-se que a abelha nunca dormia –, ela cunhou a imagem da ordem universal divina.

Entre os cristãos, o enxame de abelhas simboliza a comunidade cristã reunida. A colmeia é a imagem da Igreja protetora que envolve os cristãos. São Bernardo equiparava a comunidade organizada das abelhas à vida no mosteiro. E, além disso, supondo-se que a reprodução das abelhas ocorresse por meio de partenogênese, elas corporificavam também a virgindade e a castidade e, assim, faziam parte dos atributos da Virgem Maria. Diversos pintores da Renascença retratam abelhas em seus quadros, como, por exemplo, Matthias Grünewald no Stuppach Madonna. Nessa pintura encontram-se – ao lado de outros importantes símbolos de Maria, como o lírio branco, a rosa e a romã – cinco colmeias posicionadas atrás do Menino Jesus. Muitas vezes, identifica-se no Menino Jesus, o doce, e até mesmo o mel.

Assim, não causa nenhuma surpresa que homens e mulheres santos se ocupem com as abelhas, ermitões se alimentem de mel e algumas histórias de santos estejam associadas às abelhas, como, por exemplo, a história de Santa Rita de Cássia, na Úmbria. Rita – uma santa do século XIV, muito venerada até hoje, para a qual peregrinam e rezam principalmente mulheres que passam por necessidade – teria sido colocada, quando criança, logo após o nascimento, no meio de um enxame de abelhas. Abelhas teriam andado pela sua boca e pelo seu nariz, sem, contudo, infligir-lhe dor. A criança foi resgatada saudável do enxame. É claro que esse acontecimento foi considerado um sinal especial, como a antiga indicação de um modo de vida na qualidade de mulher amável, abnegada e misericordiosa, que se compromete com as outras pessoas na aplicada dedicação a Deus. O fato de Rita, antes de ser freira, ter sido casada e tido dois filhos é algo muito bem aceito pelos seus devotos, pois com isso ela unifica na sua pessoa o conhecimento sobre a vida terrena e sobre a espiritualidade. Assim como as abelhas o simbolizam e profetizaram para a santa, nela se encontram o céu e a terra.

Também na mitologia grega acerca de Deméter, deusa da terra e deusa-mãe, ela mesma designada de rainha das abelhas, o enfoque é completamente terreno. Suas sacerdotisas, as melissas, servem-na, como abelhas aplicadas, nos assuntos cotidianos. Elas se esforçam pela aplicação e pela austeridade e protegem a maternidade. E assim o enxame de abelhas na colmeia simboliza a vida cheia de esperança em uma terra governada pela prudência feminina. As abelhas em torno de

Deméter corporificam a alma terrena. Seu significado espiritual e mental se expressa na concepção de que as abelhas voam na luz e, como mensageiras das musas, concedem às pessoas o canto e a eloquência, além de estimular nelas muitos impulsos criadores.

No Mosteiro Lorsch, ao sul de Hessen, foi encontrado um dos mais antigos escritos rimados na língua alemã, uma fórmula mágica do século X para a proteção das abelhas: "A bênção das abelhas de Lorsch". Nela as abelhas são confiadas à proteção de Deus e da Virgem Maria, para que consigam coletar com aplicação e reencontrar o caminho para a colmeia. O escrito é conservado atualmente na Biblioteca do Vaticano.

Lucas Cranach o Velho abordou com outro enfoque o tema das abelhas em uma série de pinturas. Ele retomou um episódio antigo a respeito de Vênus, deusa da primavera, à qual as abelhas também estão associadas, e pintou diversas versões da deusa junto com abelhas e o menino Amor. Vênus nua e bela como a própria primavera, ao seu lado está o seu pequeno filho Amor, como um anjinho; ele flerta com o mel. Um dia Amor não consegue resistir, coloca a mão em uma colmeia e rouba um favo de mel. É claro que ele é imediatamente punido e picado pelas abelhas agitadas. Elas voam ao seu redor de modo ameaçador, enquanto que ele, aos prantos, busca conforto junto a sua mãe, Vênus.

Em uma dessas pinturas, a bela Vênus olha oniricamente para o observador e aponta de modo ligeiramente divertido para Amor após ter sido picado, como se dissesse: Tudo tem seu preço. Em um outro quadro em que aparece Vênus com o menino Amor que furtara o mel, Cranach inseriu uma inscrição que realça essa pintura da série e transforma o antigo episódio ameno em uma parábola moral. Lê-se o texto como uma conclusão agridoce que ele talvez tivesse de tirar para si pessoalmente.

Nessa pintura, a Vênus é trazida da Antiguidade para a época contemporânea do pintor. Sobre longas pernas, ela aparece em pé, em uma posição ligeiramente inclinada, graciosa e alva. Um véu delicado de fios de prata sugere vestimenta realçando assim sua nudez. Ela usa um chapéu provocante e elegante sobre a faixa de cabelo adornada e um colar. Isso lhe dá um toque de requinte, as plumas na borda do chapéu parecem tremular. É o requinte de uma dama ou de uma elegante cortesã. Sorrindo de modo enigmático, ela olha para o observador, enquanto se apoia com a mão direita no tronco da árvore, exatamente no lugar onde se abre uma pequena cavidade, como uma vulva. E diante dessa abertura está o menino Amor com o favo de mel roubado na mão. Ele lançou mão do mais doce e imediatamente foi punido. Algumas abelhas voam ao seu redor ainda agitadas; elas o haviam picado.

Em cima à direita na pintura foram inseridas as seguintes frases: "Enquanto o menino cupido rouba o mel da cavidade, a abelha pica, com seu ferrão, o dedo do ladrão. É assim que prejudica também a nós a luxúria breve e passageira que cobiçamos: Ela se confunde com a dor intensa".

O sentido desse enunciado é ambíguo. Primeiro, ele lança uma sombra sobre o modo mítico, despreocupado de lidar com o erotismo. Trata-se aqui de um desejo de amor proibido? De um delito contra a lei moral da abstenção, ou trata-se de uma doença como consequência? Ou talvez signifique que o ladrão de mel atingido pelo ferrão da abelha, à semelhança de quem é atingido pela flecha do Amor, agora tenha de padecer com o veneno da paixão? Nisso permanece o segredo de Cranach.

No entanto, talvez a bela deusa queira inclusive dizer que ela nem sequer é de se ter, nem existe realmente, e de maneira alguma pode se mostrar, em sua pureza, na vida terrena com todas as suas malfadadas condicionantes acessórias. Na deusa do amor aparece apenas o ideal divino de uma concepção de amor. Sua doçura, o mel, que é a própria doçura, só pode ser supraterrena.

O mel como símbolo

O simbolismo do mel é cunhado em geral pelo princípio da transformação, pois as substâncias perecíveis coletadas pelas abelhas a partir da natureza são transformadas, através do trabalho infatigável, no mel delicioso e duradouro.

O mel torna-se, com isso, em um símbolo de imortalidade. Ele é divino e significa alimento divino. Em termos psicológicos, o mel representa a transformação da alma, que o ser humano pode vivenciar como a última etapa do trabalho em si mesmo. C.G. Jung denomina esse processo de crescimento e de amadurecimento ao longo da vida de individuação. No contexto cristão, fala-se da doçura do conhecimento, da doçura da suprema perfeição e da proximidade de Deus, como Cristo a alcançou. Porém, já em culturas pré-cristãs, o mel era considerado uma substância sagrada e um componente importante das práticas rituais como, por exemplo, dos embalsamamentos ou ainda dos rituais de apaziguamento dos demônios. Ele era ofertado como alimento aos deuses ou também aos mortos, que estão a caminho dos deuses.

Mel é, em suma, promessa de felicidade. A terra prometida é a terra "que mana leite e mel", o objetivo, o centro, a suprema realização.

Em alguns contos de fadas europeus, as abelhas estão entre os animais que acompanham o herói em sua jornada de busca, indicando-lhe o caminho e com isso promovendo o seu desenvolvimento ou a sua salvação. Hedwig von Beit, pesquisadora de contos de fadas, denomina as abelhas de animais das almas (4).

A abelha como símbolo no sonho

No sonho, as abelhas aparecem principalmente com sentido positivo. Dependendo da situação individual do sonhador ou da sonhadora, elas remetem à atividade, à produtividade, à perseverança e à vida social. Para Aristóteles, a abelha é um símbolo da sociabilidade natural do ser humano, da vida em sociedade em uma atmosfera alegre entre cores vivas e ar ameno. E talvez faça algum sentido quando, em determinadas situações, de maneira completamente involuntária, a pessoa sai zumbindo alegremente. O que se faz sentir nesse zumbido?

O significado do sonho quanto à atividade das abelhas é força concentrada, um esforço orientado e útil. Quando, por exemplo, pela manhã anda-se apressadamente para o trabalho com outras pessoas como um enxame de abelhas, está-se entregue aos afazeres gerais. Quando, no sonho, alguém é perseguido por um enxame de abelhas e o zumbido torna-se um perigo, o sonhador ou a sonhadora possivelmente está a ponto de fazer algo descontrolado, ou seja, uma atividade ameaça sair do controle. Talvez seja iminente uma exigência excessiva, diante da qual agora se emite um alerta. Ou um enxame de ideias rebela-se talvez anunciando uma mudança de orientação intelectual, da mesma forma que um enxame de abelhas se desfaz para fundar uma nova colônia. Uma picada simbólica pode ser um chamado à ordem e um alerta para que o assunto seja refletido de forma apropriada. Porém, os significados são tão numerosos quanto há situações humanas e as respectivas reações a partir do inconsciente.

Talvez o significado simbólico da abelha e também seu significado no sonho fique um pouco mais claro ao compará-la com sua aparentada, a vespa, que é um inseto ameaçador e hostil, cuja picada pode até levar à morte.

Em comparação com a mosca doméstica, a mosca negra ou a mosca varejeira, com as moscas da carne, moscas do cadáver, moscas de enxame que abrangem até 1.500 espécies, a abelha precisa ser considerada logo como uma santa. Ela é pura. Nela não adere nada de toda a sujeira – e dos respectivos agentes patogênicos – que as moscas transportam consigo, que buscam em lixos e excrementos de que se alimentam, que gruda nelas e que elas levam para os lugares em que pousam. Pegajosas e insistentes, elas voam ao redor de pratos de queijo ou de linguiça. Algumas moscas são parasitas; suas larvas crescem na pele humana ou no intestino. Elas provocam destruição e trazem putrefação. E, assim, na condição de mensageiras do mal, elas pertencem a belzebu, ao senhor das moscas e das trevas.

A abelha, por sua vez, aparece em uma luz clara, ela promove a cura.

O cavalo

Quando um cavalo corre livre pelo campo, os cascos quase não tocam o chão e as crinas esvoaçam como se fossem puro vento. Com narinas dilatadas, relinchando ligeiramente, as mães asseguram-se da companhia das suas crias, os potros de longas pernas, e correm em disparada com cascos amplos e pescoço elevado, sempre vigilantes.

Saltam por cima de um obstáculo no caminho, bem como de um ser vivo; por exemplo, de um cavaleiro caído, o qual sempre que possível é tratado com cuidado. Na corrida, distinguem-se, sob sua pele sedosa e seus pelos longos, as veias e os tendões.

Nessa imagem de força indômita dificilmente ainda se consegue imaginar o antepassado primitivo que, há 60 milhões de anos, pouco maior que um cão, vagava pelas florestas e se alimentava de folhagem.

O cavalo primitivo tornou-se maior sob as condições climáticas favoráveis na Ásia e, ao longo da história da evolução, desenvolveu-se de um animal de três dedos para um de um casco, para um solípede. Ou seja, o dedo médio se transformou no principal suporte do seu peso corporal. E possivelmente esse fato predestine o cavalo a inclusive poder carregar carga. O homem aprendeu a aproveitar de modo direcionado a capacidade de carga e a força dos cavalos, tornando-os logo seus companheiros insubstituíveis. Eles serviam-no quando montava em suas costas para locomover-se rapidamente ou para transportar cargas, quando, no caso das tribos nômades, tratava-se de realocar o acampamento ou o povoado ou trazer para casa em segurança o caçador e a caça. Em certas circunstâncias, a égua era mantida inclusive como animal destinado ao fornecimento de leite. O homem e o cavalo foram se relacionando cada vez mais estreitamente na medida em que se revelava o caráter bondoso e dócil do cavalo, o qual se deixa encilhar e selar e atrelar a um timão. E, logo, foi adestrado para se tornar inclusive um obediente cavalo de guerra.

Outros descendentes do cavalo primitivo continuam até hoje selvagens e indomados, como, por exemplo, a zebra africana.

Pode-se admitir com certeza que a interação entre a inventividade humana e a força do cavalo foi o principal motor do desenvolvimento cultural, pois a locomoção mais rápida, a exploração de novos territórios e rotas de comércio, o transporte de mercadorias ou o auxílio no trabalho agrícola possibilitado pelo cavalo, conduziram, por fim, à Modernidade. Crucial foi a interação da potência do cavalo com a invenção da roda. O movimento da roda por meio da força do cavalo deu início à Era da Técnica. A roda pôs tudo em marcha, as carroças, os automóveis, as bombas de água e as mós e, por fim, muitas máquinas, que hoje adquiriram outro aspecto e são movidas por outras energias, cuja força, porém, continua sendo medida em CV – cavalo-vapor.

Os cavalos auxiliavam o ser humano a vencer as distâncias, a cultivar contatos com pessoas em regiões afastadas, a transportar notícias e correspondências. Eles puxavam diligências cruzando desfiladeiros e vales, possibilitando assim as viagens. Posteriormente, nas grandes cidades, eles foram atrelados à frente dos primeiros bondes que eram puxados sobre trilhos pelos quarteirões, até que então chegou o grande cavalo a vapor feito de ferro e mudou o mundo novamente.

O que, porém, seria do Correio do Czar, ou dos Três Mosqueteiros, sem os seus cavalos? O que seria da imagem de um grande comandante, de um rei ou de um imperador sem o cavalo empinado debaixo dele em um gesto majestoso, para apontar para o poder e a dignidade? O cavalo sempre foi inclusive um animal de combate e, na Antiguidade e na Idade Média, foi equipado com armaduras magníficas semelhantes às dos próprios cavaleiros e comandantes.

O cavalo é forte, sensível e confiável. Para as pessoas é mais do que um animal de utilidade: é um companheiro fiel. E quando se faz alusão à nobreza do cavalo, faz-se referência à forma musculosa e à postura graciosa, que se subordina sem perder o brio. Inclusive a sua moderação pode estar relacionada com isso. O cavalo não sai de modo agressivo à caça de alimento, ele é um mero comedor de plantas, ainda que não as rumine.

Além do cão, que já fora domesticado anteriormente, é provável que tenha sido somente com o cavalo que o ser humano estabeleceu uma relação tão estreita. O cavalo é um animal querido, um animal belo. Pode ser que existam pessoas que não achem os cavalos interessantes ou que os cavalos lhes causem inquietação, mas dificilmente há alguém que não reconheça a sua beleza.

Atualmente os cavalos têm um papel de destaque no esporte e em diversas atividades recreativas, e, muitas vezes, especialmente as meninas sentem-se atraídas por cavalos.

Isso logo fica claro quando se leva em consideração que o seu interesse não está voltado apenas para a atividade puramente esportiva, mas também para a relação que cultivam com os cavalos.

O significado dessa relação entre o cavalo e a cavaleira ou o cavaleiro está na confiança mútua e, sobretudo, na sensibilização da percepção do outro ser. Cavaleiro e cavalo estão em sintonia um com o outro. E assim cresce também a harmonia do movimento no cavalgar a partir de uma sintonia alternada e recíproca. O cavaleiro tem de perceber o que pode e deve exigir do cavalo e em que momentos é melhor ceder, e o cavalo sente imediatamente se tem de submeter-se ou se pode ficar desatento e partir. Nesse jogo, pessoas jovens, especialmente meninas, fazem experiências importantes para o desenvolvimento da sua personalidade e da sua autonomia.

A impressão de que o cavalo e o cavaleiro se fundem um com o outro nos movimentos dos diferentes tipos de andamentos causou admiração, já em épocas primitivas, aos povos da região do Mediterrâneo. Porque quando hordas guerreiras irrompiam da Ásia, excelentes cavaleiros teriam causado espanto como centauros, como seres com tronco humano sobre um corpo de cavalo. A partir de narrativas e talvez também de ilustrações, seres híbridos míticos certamente eram conhecidos, mas autênticos cavalos ninguém ali havia visto antes.

Hoje conhecemos muitas raças de cavalos, classificados em três grandes categorias: sangue frio, sangue quente e puro-sangue. Os cavalos de sangue frio são os mais fortes, os pesados cavalos de tração. No passado era possível vê-los atrelados na frente das carroças carregadas de barris das cervejarias, com sacas cheias de carvão ou dos grandes blocos de gelo extraídos das geleiras para uso nos frigoríficos, e naturalmente eram os fortes animais de tração empregados também na agricultura.

Hoje os cavalos de sangue frio são vistos, às vezes, no circo como animais utilizados para a equitação acrobática. São de temperamento tranquilo, muito confiáveis, e têm um dorso largo apropriado para o número acrobático do cavaleiro artístico. Os cavalos de sangue quente são vistos principalmente no hipismo; são os cavalos de adestramento e de salto, às vezes, resultantes do cruzamento com os puros-sangues. Os cavalos de corrida são sempre puros-sangues. O puro-sangue árabe se sobressai entre eles, pois os cavalos árabes são os mais constantes e comedidos, andam em qualquer terreno e são muito velozes. Em todo caso, diz-se que são cavalos do deserto, que têm medo da água. Em regra, são brancos, têm crinas longas, narinas rosadas e olhos pretos suaves. Eles são delicados; suas patas são esguias e resistentes. Eles repassaram muitas de suas características, sobretudo, a sua rapidez, para o famoso puro-sangue inglês, que, no final das contas, também é seu descendente.

Considera-se que o autor da criação dos cavalos árabes seja o profeta Maomé. Em todo caso, ele estimulou intensamente a criação de cavalos. Ele deve ter sido um grande amante dos cavalos. E assim, também no Alcorão, trata-se muito a respeito dos cavalos; Deus os teria criado a partir do vento.

Maomé teria iniciado sua criação com cinco éguas bem especiais, as "cinco éguas obedientes". Estas, segundo a lenda, após uma longa jornada pelo deserto, não correram em disparada para a água do oásis como fizeram as demais, mas, respondendo ao seu chamado, primeiro regressaram novamente até ele.

Uma famosa cena de cavalo, que alude a isso, encontra-se no longa-metragem *Ben Hur*, de William Wyler, produzido em 1959. Nele o xeque, com quem Judah Ben Hur aprende a conduzir os carros, recebe em um ritual noturno em sua tenda os seus animais favoritos, cinco éguas brancas, para dizer-lhes "boa noite".

Os amantes de cavalos tratam os seus cavalos com carinho, e quando se dirigem ao seu cavalo favorito, soa muitas vezes quase como uma declaração de amor.

O cavalo na linguagem

Diversas locuções referem-se aos comportamentos e à aparência externa do cavalo. Assim, uma pessoa "com dentição de cavalo" tem dentes grandes. "No mesmo trote", anda-se pra frente, quando se fala do cotidiano. "Bate os cascos" aquele que espera impacientemente por algo. Quando se tem de "ir a trote", trata-se geralmente de ir muito depressa. Quando uma pessoa, por exemplo, sofre de uma doença "galopante", significa que a doença progride muito rapidamente. E quando se diz que um homem é um "autêntico cavalo", comete-se uma injustiça com o cavalo, pois se têm em mente os tipos rudes que passam por cima de tudo, impassíveis e imperturbáveis.

Andar "auf Schusters Rappen" [lit.: "sobre cavalos pretos de artesãos"] significa andar sobre solas de sapato pretas, ou seja, aquele que é "muito pobre para ter um cavalo" tem de andar a pé. "A felicidade do mundo está no lombo de um cavalo" – aqui se exprime um sentimento de força, de liberdade e de alegria com o movimento. É a alegria que já a criança sente ao brincar de cavaleiro upa-upa, quando, depois do movimento sacolejante (em que se diz: "então o cavaleiro faz plum"), ela grita de satisfação ao cair sabendo que pode confiar no amparo certo da mãe ou do pai.

"Montar" e "cavalgar" são designações informais, corriqueiras entre os homens, para o ato sexual. E quando os jogadores de futebol correm euforicamente um em direção ao outro depois de um gol, pois vivenciam o tento como um impulso de potência, comemoram sua vitória com gestos correspondentes.

O cavalo na mitologia

Na mitologia grega os cavalos têm um significado relevante e abrangente. Por um lado, eles pertencem ao princípio solar, por outro lado, contudo, ao princípio lunar; portanto, ao sol e à lua, ao masculino e ao feminino. Os elementos masculinos – ar e fogo – e os femininos – água e terra – estão representados na figura do cavalo, dependendo da divindade a que estão subordinados.

Em primeiro lugar, os cavalos pertencem a Hélio, o deus do sol. Só ele consegue conduzir com mão forte os cavalos luminosos que puxam sua carruagem diariamente pelo arco celeste. Os cavalos precisam de uma mão forte. E quando Fáeton, seu filho, quer fazer igual ao pai, isso gera preocupação. Ele não desiste de pedir o favor de conduzir os cavalos. Só uma única vez ele quer tentar. E ele não dá sossego. Quando Hélio, enfim, contra a própria convicção, cede ao pedido, acontece a desgraça: imediatamente os cavalos sentem a mão estranha nos arreios, eles se empinam e passam em disparada com Fáeton, a carruagem quebra, o céu arde, e Fáeton cai nas profundezas até a borda do Mar Mundial Ocidental. Ali moram as hespérides, as filhas da noite. Elas pegam os fragmentos da carruagem, recolhem Fáeton e o sepultam. Sua história está guardada no céu na constelação de Erídano.

Pégaso, por sua vez, embora alado, não é um cavalo luminoso, ele é uma criança do mar, um filho de Posídon. Sua mãe, outrora uma mulher lindíssima, foi a Górgona Medusa, transformada em figura assustadora com cabelos de serpentes, que convertia em pedra a todos que olhassem para ela. Quando ao herói Perseu coube a tarefa de matá-la, ele teve de recorrer a um truque com o espelho, para poder acertá-la sem precisar olhar diretamente para a sua face. E assim ele decepou-lhe a cabeça do tronco, e seu filho Pégaso fugiu e voou livre pelos ares. Ele é o cavalo alado que voa através do espaço mítico como um filho do mar. Com a força do cavalo ele supera os elementos pesados terra e água. Com suas asas, ele consegue se elevar às dimensões do espírito e do ar.

Nesse sentido, é natural a ideia de que Pégaso corporifica o espírito poético que supera todo o peso. Segundo a saga, ele deve ter aberto, com um coice, inclusive a Fonte das Musas, sobre o Monte Hélicon.

No entanto, nem sempre são tão fáceis os voos nas alturas espirituais e, com frequência, não bastam para satisfazer os poetas mais talentosos, beijados pelas musas – a isso se refere Friedrich Schiller ao inverter a imagem do Pégaso que sai voando no *Pégaso sob o jugo* atrelando-o ao jugo. Diz-se geralmente que é preciso trabalhar duro para que a inspiração produza frutos. No entanto, Schiller mostra que o cálculo do camponês invejoso, segundo o qual o espírito se deixa domar quando devidamente pressionado e esfomeado, não faz sentido. Através do homem verdadeiramente talentoso, liberto do jugo, Pégaso eleva-se mais divino do que nunca.

A capacidade de ocupar-se com o espírito distingue particularmente também outro cavalo mítico, o centauro Quíron. No fundo, ele está entre os seres híbridos constituídos de corpo de cavalo e tronco masculino-humano, notórios pela ferocidade, pela brutalidade e pela lascívia. Filhos de um rei inebriado pelo vinho que um dia teve o privilégio de comer à mesa dos deuses e, embriagado, engravidou a mãe dos deuses Hera, os centauros só arrumam confusão e procuram mulheres humanas para raptar. Entre os centauros, somente Quíron goza de grande estima, porque a sua natureza animal não levou à brutalidade, mas a uma ligação tão profunda com a natureza que ele a estudou e alcançou grande conhecimento. Sob a orientação da deusa Ártemis, adquiriu conhecimentos especiais sobre plantas e ervas medicinais. Ele repassou o seu saber e, como professor sábio e pacífico, lecionou muitos dos antigos heróis lendários, como Odisseu, Jasão, Aquiles e, especialmente, é claro, Asclépio, ao qual confiou seu saber medicinal. O *centaurium*, uma conhecida erva medicinal, lembra ainda hoje o sábio Quíron.

Na simbologia astrológica, o nono símbolo do zodíaco, sagitário, é representado por um centauro com arco e flecha. É um sinal de fogo e representa características como a vivacidade, a determinação, a força, o esforço por luz, e também a agressividade e o desejo instintivo.

Embora o centauro Quíron seja considerado sábio, ele não está inteiramente livre dos desejos; ele ama a deusa Palas Atena. Em uma pintura de Sandro Botticelli, de 1485, que reproduz esse episódio, Quíron aparece, em conflito consigo mesmo, constrangido e arrependido. Porque Palas Atena está ao seu lado e o pega pelos cabelos para repreendê-lo. Com esse ato carinhoso e ao mesmo tempo falho, bem como algo resignado, ela domina a sua inclinação impulsiva. Ela, a filha de Zeus, nascida de sua testa, é a grande prudente, a corporificação da vontade educadora. Ela é imune a todo elemento instintivo, jamais consentindo com um jogo amoroso. Botticelli, no entanto, parece não concordar inteiramente com essa situação, pois ambos, inclusive Palas Atena, parecem autenticamente tristes, como se a renúncia ao amor não lhes fosse fácil.

Na mitologia nórdica o cavalo apresenta um aspecto simbólico adicional. Sleipnir, o cavalo do deus Odin, significa o "escorregadio". Para deixar evidente a sua rapidez, ele é representado com oito pernas. Odin cavalga-o não só rapidamente, mas salta por cima de fronteiras, quando Sleipnir, com suas pernas adicionais, chega ao Hel, ao reino dos mortos. O Hel, inferno, aqui não tem o significado cristão de lugar do castigo divino e do tormento eterno. Segundo o mito nórdico, chegar ao Hel significa passar para o outro lado, morrer. Assim, Hel quer dizer o mundo oculto aos vivos, o submundo. E quando Sleipnir salta, em ambas as direções e de modo alternado, as fronteiras que separam as dimensões da vida e da morte, ele pode ser considerado um mediador entre os vivos e os mortos. Ele está associado a algo inquietante. Em Sleipnir, o cavalo adquire a dimensão do suprassensível. E a isso se deve o fato de que, segundo a crença popular dos povos nórdicos, os cavalos também podiam ver os espíritos ou eram espirituais. Outrora, era com base no tipo de relincho que se profetizava.

Na mitologia cristã os cavalos desempenham um papel significativo no Apocalipse de João. Os quatro cavaleiros do Apocalipse concebem simbolicamente todo o cenário do fim do mundo, da destruição, da morte e da ressurreição em uma imagem grandiosa. O último livro do Novo Testamento, um texto imensamente rico, plástico e expressivo, pode ser decodificado, como se diz, somente por meio de um cordeiro. Isso significa que somente em nome de Cristo, do Cordeiro de Deus, o livro com os sete selos pode ser decodificado. Quatro cavaleiros se destacam nas visões de João: "Olhei e vi um cavalo branco, e quem o montava tinha um arco. Foi-lhe dada uma coroa, e ele partiu vitorioso para vencer" (Ap 6,2). O segundo cavalo era vermelho-fogo e seu cavaleiro era um guerreiro com uma grande espada, que disseminava susto, violência e devastação. O terceiro cavalo era preto, e seu cavaleiro tinha uma balança na mão. E trata-se de privação, necessidade e fome. O quarto cavaleiro, a própria morte, aparece montado em um cavalo pálido, esquelético. Ele vem por último, para recolher a colheita cruel.

João recebe de Deus a instrução de anotar as suas visões em um livro destinado às cinco comunidades de fiéis. Os textos aparecem, nas suas narrativas drásticas sobre a miséria e a perdição ameaçadora, como advertências insistentes, como concepções cruéis sobre os tormentos na terra e a perdição eterna para os que decaem da fé. No entanto, sempre resplandece a promessa da salvação, a imagem da transfiguração, da luz eterna para aquele que segue a Cristo. É o caminho para o paraíso e para a árvore da vida. Pouco antes do final do texto, o salvador aparece novamente na imagem do cavaleiro branco: "Vi o céu aberto, e apareceu um cavalo branco. Quem o montava chama-se Fiel e Verdadeiro. Ele julga e combate com justiça" (Ap 19,11). O primeiro dos cavaleiros do Apocalipse montado no cavalo branco revela-se como o próprio Cristo: "Em seu manto e em sua coxa está escrito um nome: Rei dos reis, Senhor dos senhores" (Ap 19,16).

Albrecht Dürer, na sua escultura em madeira *Os quatro cavaleiros do Apocalipse*, adota uma interpretação do Apocalipse a qual era vigente na época e defendida por Lutero, cuja ênfase está na aniquilação ameaçadora da humanidade pecadora. O primeiro cavaleiro – que no texto de João aparece bem destacado em vestes régias – no seu quadro em absoluto corre vitorioso na dianteira, mas, como um mensageiro do próximo infortúnio, mantém-se modestamente no plano de fundo da imagem, como se o próprio Cristo fosse somente uma parte do grande propósito divino acerca do destino do mundo.

Em uma interpretação mais recente, que se refere fielmente à imagem descrita pelo texto acima citado, isso é diferente. O pintor Viktor Mikhailovich Vasnetsov (1848-1926) pinta uma imagem pateticamente dramática em que o cavaleiro branco aparece no primeiro plano da imagem à frente dos demais, como figura régia, poderosa e vitoriosa. Ele empunha seu arco, exatamente como o centauro na figura de sagitário, voltado para trás, como se pudesse conter e aniquilar na batalha o mal que vem depois dele. Ele cavalga sobre os restos da destruição e da carnificina em direção a um novo mundo; ele quer evitar o infortúnio da aniquilação definitiva. Sobre a cena abrem-se as nuvens, o cordeiro com o livro fica visível. Ele tem uma pata dianteira erguida pronta para andar. O cavalo branco adota essa postura de andar: a passos largos em frente.

O cavalo como símbolo no sonho

Como símbolo onírico, o cavalo tem naturalmente toda uma variedade de significados que podem estar atrelados a ele. Depende sempre de saber em que contexto específico a imagem onírica se encontra relacionada com a história de vida do sonhador e até que ponto ele pode admitir, se a quiser entender, também outras imagens associativas. Possivelmente, o encontro com a imagem onírica do cavalo é corriqueiro, o que logo fica claro quando se trata de um cavalo conhecido, por exemplo, o cavalo marrom em que o jovem da vizinhança passou montado. Possivelmente, porém, o encontro com um cavalo é inteiramente enigmático e precisa ser cuidadosamente decodificado. Esse é o caso quando parece, primeiramente, não existir nenhuma ligação com o cotidiano, quando a imagem do cavalo emerge espontaneamente a partir da base de imagens arquetípica do inconsciente coletivo e surpreende a pessoa que sonha.

Em síntese, pode-se dizer que o cavalo no sonho simboliza a vitalidade, o movimento, a sexualidade, a força tanto selvagem como domada, e também a força corporal. E quando envolve também o elemento do ar, o cavalo simboliza a força espiritual, e também a inspiração.

Em termos simbólicos, o cavalo pode ser interpretado como animal masculino e também feminino. Os aspectos masculinos podem destacar qualidades como a potência, a vitalidade, a luz e a consciência, também o majestoso, ao passo que os aspectos femininos acentuam mais a fiabilidade, a graciosidade e a sensibilidade, bem como as qualidades do cavalo como animal de relação. E quando se tem em mente a relação do cavalo com Deméter, a deusa da terra, e com Epona, a deusa celta da fertilidade que também é acompanhada por cavalos, o animal simboliza também a fertilidade e a morte e a gênese vegetativa.

O cavalo nos contos de fadas: A moça dos gansos

No conto de fadas *A moça dos gansos*, dos Irmãos Grimm, o cavalo desempenha um papel decisivo para o desenvolvimento anímico e para a libertação da jovem mulher. Essa história maravilhosa provém da escritora Dorothea Viehmann, uma huguenote, que trouxe consigo para a Alemanha o acervo narrativo francês e enriqueceu decisivamente a coleção dos Irmãos Grimm. O conto de fadas faz parte do gênero literário dos contos de magia, embora não ocorra nele nenhuma transformação direta, como, por exemplo, a transformação de um príncipe em um sapo e sua reconversão em um homem. No entanto, ele trata de acontecimentos mágicos e de figuras maravilhosas: gotas de sangue que falam, e até um cavalo que fala mesmo após a sua morte, quando resta apenas a sua cabeça pendurada diante da porta da cidade. A princesa dá ordens ao vento, no que se ativa a força misteriosa dos versos repetidos três vezes. Com o vento ela enxota Conrado, o impertinente menino dos gansos, a fim de ganhar tempo para sua autorreflexão. E, no final, junto ao fogão, revela-se a verdade.

A moça dos gansos (5)

Era uma vez uma velha Rainha, cujo marido morrera há muito tempo, e que tinha uma linda filha. Quando se tornou adulta, a princesa ficou noiva de um príncipe que morava muito longe. Ao chegar a data do casamento, tendo a jovem de fazer uma longa e demorada viagem, sua mãe ajuntou para ela muitos valiosos vasos de ouro e de prata, e outras peças também de ouro e de prata, e taças e pedras preciosas, em suma: tudo o que devia fazer parte de um dote real, pois a rainha amava sua filha do fundo do coração.

Também mandou com a jovem princesa sua criada de quarto, que tinha de acompanhá-la e entregá-la ao noivo. E cada uma recebeu um cavalo para a viagem. O cavalo da princesa se chamava Falada, e sabia falar.

Quando chegou a hora da partida, a velha mãe entrou em seu quarto de dormir, pegou uma faquinha e deu um corte em um dedo, depois pegou um lenço branco no qual deixou cair três gotas de sangue e o entregou depois à filha, dizendo:

– Querida filha, guarde com todo o cuidado este lenço, que ele te poderá ser útil durante a viagem.

As despedidas foram muito sentidas, como era de se esperar. A princesa guardou o lenço no regaço, montou a cavalo e partiu ao encontro do noivo. Algum tempo depois, sentiu muita sede e disse à criada de quarto:

– Apeia, toma o copo que trouxeste e enche-o com a água daquele riacho, pois estou com muita sede.

– Se estás com muita sede, apeia tu mesma e vai beber a água daquele riacho – respondeu a criada. – Não fui eu que quis ser tua criada de quarto.

Sedenta como estava, a princesa não teve outro recurso, senão apear, caminhar até o riacho, debruçar-se sobre ele e beber água, não podendo utilizar o copo de ouro.

– Meu Deus! – exclamou ela, então.

E as três gotas de sangue no lenço disseram:

– Se tua mãe souber disso, vai morrer de pesar.

A princesa era tímida, calou-se, montou no cavalo. Como, porém, o dia estava muito quente, algumas milhas adiante sentiu de novo uma sede insuportável e disse à criada:

– Apeia e dá-me um pouco de água em meu copo de ouro.

Mas a arrogante serviçal replicou:

– Se queres beber, vai tu mesma. Não fui eu que quis ser tua criada de quarto.

Sem suportar a sede, a princesa teve de apear, debruçar-se sobre o regato e beber.

– Meu Deus! – exclamou.

E, mais uma vez, as três gotas de sangue disseram:

– Se tua mãe souber disso, vai morrer de pesar.

Quando, porém, a princesa se debruçou sobre o regato, o lenço com as três gotas de sangue caiu dentro da água, sem que ela notasse nem mesmo que ele ficou flutuando, tão grande era a sua perturbação. A criada, porém, viu imediatamente que acontecera e ficou satisfeitíssima, pois sabia que agora, privada do lenço com as três gotas de sangue, a princesa se tornara fraca e desamparada. Assim, quando ela quis de novo cavalgar Falada, a criada disse:

– Eu prefiro ficar com Falada e tu cavalgarás meu pangaré.

E a princesa teve de se submeter à imposição. Depois, a criada, ameaçando e insultando, a obrigou a despir-se de suas vestes reais e trocá-las por sua própria roupa, pobre e feia e ainda a obrigou, sob juramento, a não contar o que acontecera a ninguém da corte. Se violasse o solene juramento proferido, seria morta. Falada, porém, observou muito bem tudo o que se passou.

A criada cavalgou Falada e a princesa montou no pangaré e assim as duas viajaram, até chegarem ao palácio real que era o seu destino. Ali, foram recebidas com grande regozijo, e o príncipe correu ao encontro da suposta noiva, na verdade a criada de quarto, enquanto a princesa real ficava embaixo.

Tendo chegado à janela, o velho rei a viu em pé no pátio, e notou sua beleza e a expressão de bondade em seu rosto, e perguntou à suposta noiva quem era ela.

– É uma moça que apanhei no caminho para me acompanhar – disse a criada de quarto. – Convém dar-lhe algum trabalho para fazer, a fim de que não fique ociosa.

O rei não se lembrando de nenhum determinado servi-ço de que a encarregasse, teve, porém, uma ideia:

– Há um menino que toma conta dos gansos. Ela pode-rá ajudá-lo.

Assim, a jovem princesa teve de ajudar o menino, que se chamava Conrado, a cuidar dos gansos.

Pouco depois, a falsa noiva disse ao príncipe real:

– Queria pedir-te um favor, meu querido. Poderás fa-zer-me?

– É claro, querida – respondeu o príncipe. – Diz qual é, e o teu desejo será satisfeito.

– Então manda o magarefe cortar a cabeça do cavalo em que viajei e que atormentou-me a viagem toda.

Na realidade, a malvada estava com medo que o ani-mal, que sabia falar, revelasse o que realmente acontecera.

Assim, o fiel Falada tinha de morrer. Isso chegou aos ouvidos da verdadeira princesa, que, então, prometeu pagar ao magarefe uma moeda de ouro se ele lhe prestasse um pequeno serviço. Havia na saída da cidade um grande por-tão negro, pelo qual ela passava toda manhã e toda tarde, quando levava e trazia os gansos para o campo. Queria que ele pregasse naquela porta a cabeça de Falada, para que ela o pudesse ver frequentemente. O magarefe prometeu fazer o seu desejo, e, depois de cortar a cabeça do cavalo, pregou-a no portão da cidade.

De manhã bem cedo, quando ali passava em compa-nhia de Conrado, ela disse:

Pobre Falada, ali pregado!

E a cabeça replicou:

Pobre princesa, um triste fado!

Se tua mãe soubesse um dia,

Seu coração se partiria!

Depois os dois saíram da cidade e levaram os gansos para o campo. E, quando lá chegaram, a princesa sentou-se e desprendeu os cabelos, que eram louros, como o ouro puro, e Conrado, achando lindos os cabelos, tentou arrancar-lhe alguns fios. E ela disse então:

Sopra vento, vento do céu,
Leva para longe o seu chapéu.
Que ele o procure, aflito, ali
E eu meu cabelo ajeite aqui.

E então soprou um vento tão forte que arrancou o chapéu de Conrado e o levou para longe, obrigando-o a correr para procurá-lo. Quando ele voltou, a jovem já havia acabado de pentear os cabelos, e Conrado ficou furioso, porque não poderia arrancar-lhes nem um fio. E os dois não trocaram mais uma palavra, até que, ao anoitecer, voltaram para a cidade.

No dia seguinte, quando atravessaram a porta da cidade, a jovem disse:

Pobre Falada, ali pregado!

E a cabeça replicou:

Pobre princesa, um triste fado!
Se tua mãe soubesse um dia,
Seu coração se partiria!

E, como na véspera, ela se sentou no campo e começou a pentear o cabelo e Conrado tentou arrancar-lhe uns fios, e ela gritou:

Sopra vento, vento do céu,
Leva para longe o seu chapéu.
Que ele o procure, aflito, ali
E eu meu cabelo ajeite aqui.

E, então, soprou um vento muito forte, que arrancou e levou para longe o chapéu de Conrado, obrigando-o a correr atrás dele. Quando voltou, a moça já estava com o cabelo bem penteado, e os dois ficaram tomando conta dos gansos até o anoitecer.

Conrado, porém, procurou o velho rei, e disse-lhe:

– Não posso mais continuar tomando conta dos gansos com aquela moça!

– Por que não? – perguntou o velho rei.

– Porque ela me atormenta muito.

O rei mandou então que ele contasse tudo que acontecera. E Conrado narrou, minuciosamente, o motivo de seu descontentamento, a corrida atrás do chapéu, não se esquecendo também do que se passara na porta da cidade.

O rei ordenou ao menino que, no dia seguinte, levasse os gansos para fora da cidade, como vinha fazendo, a fim de que o caso pudesse ser esclarecido. E, de manhã bem cedo, foi ele próprio se esconder atrás da porta da cidade, e pôde observar o que, mais uma vez, se passou entre a moça dos gansos e a cabeça do cavalo.

Depois, o rei se escondeu em um pequeno bosque, junto do prado onde Conrado e a moça tomavam conta dos gansos. E viu, com seus próprios olhos, a moça pentear os cabelos e provocar uma ventania, que arrancou o chapéu do menino e o levou para longe.

O rei se afastou, sem ser percebido, mas à noite chamou a moça e pediu que ela explicasse o motivo de sua atitude. E ela falou:

– Não posso dizer o motivo, e não me atrevo a lamentar a minha sorte e contar o que tenho sofrido a nenhum ser humano, pois jurei, solenemente, que tal não faria. Se eu perjurasse, perderia a vida.

– Se não queres me contar o que te atormenta, conta àquele fogão – disse o rei.

E retirou-se do aposento, enquanto a moça agachou-se junto ao fogão e desabafou:

– Aqui estou, abandonada por todo o mundo, e, no entanto, sou uma princesa; e uma criada de quarto traidora apanhou-me de tal modo que fui forçada a entregar-lhe as minhas vestes reais e ela ocupou o meu lugar junto do príncipe, meu noivo, e eu tive de executar serviços rudes, como guardadora de gansos. Se minha mãe soubesse disso, seu coração se despedaçaria.

O velho rei estava ouvindo tudo pela chaminé do fogão. E, quando a princesa se calou, ele a foi buscar, mandou vesti-la com os trajes reais e ficou admirado ao ver o quanto ela era bela. Chamou então o filho e lhe revelou que a sua pretensa noiva não passava de uma criada de quarto.

O príncipe rejubilou-se quando viu a beleza de sua verdadeira noiva, e foi preparada uma grande festa, para a qual foram convidadas todas as pessoas importantes do reino. Na cabeceira da mesa do banquete sentou-se o príncipe, tendo de um lado a princesa e do outro a criada. A criada, porém, foi atingida por uma perturbação visual, e não reconheceu a princesa vestindo os trajes reais.

Depois de todos terem comido e bebido à farta, e quando reinava muita animação e alegria, o velho rei perguntou à falsa princesa que castigo mereceria uma pessoa que agisse para com quem devia obediência e respeito de maneira desobediente e desrespeitosa. E, para exemplificar, descreveu um procedimento igual ao que a criada de quarto tivera com relação à princesa.

E a falsa criada respondeu:

– Merecia, como castigo, ser metida, inteiramente nua, em um barril repleto de pontas de prego na parte interna,

O animal como símbolo nos sonhos, mitos e contos de fadas 105

e ser arrastada por um cavalo por um longo percurso, até morrer estraçalhada.

– Acabas de pronunciar a tua própria sentença de morte! – exclamou o rei.

E quando foi executada a sentença, o príncipe se casou com a princesa, e os dois viveram alegres e felizes por muitos e muitos anos.

Tentativa de interpretação

A situação inicial dá a impressão de tristeza; não se percebe muito da alegria diante do casamento iminente. A filha fora prometida para um príncipe; agora ela tem de deixar a mãe. A rainha já está velha e há muito tempo sem seu marido. Talvez a ligação com sua filha é especialmente forte. Ela ama sua filha de coração, diz-se, e talvez para ela a despedida nem é apropriada. Ela dá a sua filha um grande dote e um cavalo de sela que sabe falar. Certamente, esse cavalo confiável é um substituto para a própria mãe, que não pode acompanhá-la, mas que quer ver sua filha no caminho seguro. O fato de ele saber falar significa que leva com ela, além dos bons votos, também todo um estoque de recomendações e de conselhos que devem lembrar a princesa de sua posição e de sua dignidade. A mãe parece julgar que sua filha não tenha suficiente sabedoria de vida: Uma criada também deve acompanhá-la.

No caminho logo surgem os problemas, e as diferenças entre as duas mulheres se fazem notar. Isso se vê não só pelo fato de que a criada, como autêntica subordinada, agora se negar a obedecer, mas também que, nessa situação exterior a casa, ela é inequivocamente a mais forte. A filha do rei revela-se ingênua e fraca; ela está desamparada como uma criança e logo fica inteiramente sob o poder da criada invejosa. A jovem noiva é mimada e distraída; ela choraminga quando não tem sua taça de ouro; ela não aprendeu a tomar as coisas com as próprias mãos e agir de modo autônomo. Além disso, ela perde, por distração, as gotas de sangue da mãe, que a exortam toda vez que não pode beber água adequadamente. Porém, já na segunda vez o lenço com as gotas de sangue caíram de seu regaço, e saem flutuando na água. Talvez as gotas de sangue da mãe simbolizem o sangue da menstruação, que deve exortá-la de sua maturidade sexual. A menina já está apta para o matrimônio, mas ainda está distante da maturidade da sua personalidade. E também os laços de sangue, o parentesco de sangue, a ligação com a mãe pelo sangue real, que se exprime através de uma postura nobre, parecem nada significar para a criança. É possível que ela ainda esteja tão simbioticamente ligada à mãe que não possa sentir sua força e sua dignidade femininas próprias e, por isso, de modo algum entende as instruções maternas. *"Se tua mãe souber disso, vai morrer de pesar!"*

O sangue diz respeito, no seu caso, também à peculiaridade do "sangue azul". Ela é uma princesa. Como uma imagem simbólica, porém, a nobreza aludida não tem de significar a diferença social, mas pode realçar, nesse caso, o singular, a atitude nobre, o lado pessoal, o destino pessoal que a distingue. Ela sai ao encontro do seu destino como uma noiva real. Isso provoca na criada uma profunda inveja.

A imaturidade da jovem filha do rei fica ainda mais evidente por causa do enorme dote. Será que isso não dá a impressão de que a abundância em ouro e prata seria um substituto para a falta de riqueza em termos de experiência de vida? Falada, assim se chama, fica quieto e no início nada diz, nem quando a criada insiste em trocar de roupa com a princesa e

O animal como símbolo nos sonhos, mitos e contos de fadas   107

montar pessoalmente em Falada. *"Falada, porém, observou muito bem tudo o que se passou."*

Uma instrução correspondente seria prematura demais e novamente não seria compreendida pela imatura princesa. A situação tem de se agudizar. Ela se intimida tanto e se defende tão pouco que até jura, sob medo mortal, nada contar a ninguém sobre a troca indecente. Com esse juramento dramático, porém, está morte contra morte. A morte física contra a morte como renúncia à vida verdadeira. Agora o que importa é o desenvolvimento das forças interiores e também um destino bem-intencionado.

Na corte do noivo, a falsa noiva é recebida cordialmente, a autêntica cai na miséria. Somente o velho rei, ao olhar pela janela, parece pressentir que ali nem tudo acontecia de modo correto, ao indagar a respeito da meiga e bela acompanhante que estava ali parada, constrangida. Porém, isso acaba em rebuliço, a verdadeira noiva é cedida ao cuidador de gansos, ao Conrado.

Esse motivo, presente em muitos contos de fadas, de que filhos de reis têm de fazer trabalhos comuns, como tarefas na cozinha, atividades de jardinagem e trabalhos artesanais, cozinhar e fiar ou cuidar de porcos e gansos, significa que nesse momento está-se levando a cabo uma confrontação com as condições reais da vida, que a vida tem de ser aprendida. E quanto maior a proteção vivenciada pela filha do rei até agora, tanto maior deve ser sua queda. A atividade de guardar gansos revela-se logo também um tratamento salutar. Pois os gansos simbolizam a vigilância e o amor, e também as atividades domésticas associadas à mulher e assim a dignidade dela. Um bando de gansos alerta para a desgraça. E o que a princesa necessita mais urgentemente do que aprender a se portar de maneira atenta e segura de seus instintos, a fim de proteger a si mesma?

Aos poucos, desenvolvem-se as forças interiores. E certamente não é apenas o amor e o apego ao fiel cavalo que leva a filha do rei ao pedido corajoso de salvar a cabeça de Falada e pregá-lo na frente do portão da cidade – entra em jogo também certa noção. É que, com isso, frustram-se as intenções da falsa noiva, pois aquilo que o cavalo que a tudo assistira não deveria mais fazer, depois do abate, era justamente falar. Porém, sob o portão escuro, em um instante íntimo do encontro, pode acontecer agora o diálogo entre a filha e a mãe – representada pelo cavalo – em cujas breves palavras queixosas e codificadas *"Pobre Falada, ali pregado!"* e *"Pobre princesa, um triste fado! Se tua mãe soubesse um dia, seu coração se partiria!"*, pode-se supor a reflexão complexa, ainda embrionária sobre si mesmo.

O diálogo na proteção do arco escuro, pelo qual ela passa diariamente, parece um ritual; revela-se um diálogo interior da princesa consigo mesma. Aqui ela começa a refletir sobre o seu destino. A mãe está tão distante quanto Falada, o cavalo que foi abatido. Porém, a cabeça dele admoesta e lembra.

No campo, a menina continua essas autorreflexões ao desenrolar seus cabelos dourados. E visto que princesas têm cabelos dourados e brilhantes como o sol, que indicam a sua posição, pode-se reconhecê-las também pelos cabelos. O menino dos gansos, Conrado, também fica surpreso com o brilho deles, embora a princesa os oculte rapidamente em um coque. É que ela não deve deixar-se reconhecer. No entanto, a curiosidade de Conrado e o seu desejo de arrancar-lhe uns fios de cabelo, acabam por ajudá-la. Por um lado, ele nota que algo de especial acontece com a menina; por outro, ele também está furioso e desapontado, pois ela não o deixa pegar nela, faz cerimônia e não se envolve com alguém igual a ela. Depois de ser despistado três vezes e de precisar correr atrás dos seus gansos, ele se dirige até o velho rei e lhe conta o que ouviu sob o portão e vivenciou no campo. Com alguém assim ele não queria continuar a guardar os gansos.

O velho rei se convence pessoalmente, ele observa tudo; ele descobre a origem da filha do rei. E como se fosse preciso um homem sábio e maduro que tem conhecimento dos valores verdadeiros, ele dá início à libertação da rainha solteira e, com isso, ao mesmo tempo, à libertação de seu filho deslumbrado, que de modo prematuro – e também ainda bem imaturo – lançara mão da primeira mulher.

Quando o velho rei chamou a moça dos gansos e a indagou sobre o estranho comportamento, ela não lhe conta nada, afinal, ela jurou pela sua vida. É somente junto ao fogão que ela não consegue mais manter a sua promessa. O velho fogão – talvez uma lareira ampla em que a pessoa consiga entrar, se aquecer e se sentir protegida – não se parece com um invólucro consolador, em que toda preocupação se desfaz? O fogão também é algo parecido a uma incubadora em que algo está em maturação. E quando se concebe a imagem do fogão como forno de assar, nele se assa o pão, dito em termos simbólicos: O inacabado encontra a sua maturidade. *"Conta àquele fogão o que te atormenta"*, disse o velho rei, que escuta pela chaminé do fogão. A princesa encontra finalmente o caminho para si mesma, para a sua história e para os seus sentimentos. Ela conta e conta, e chora e chora. A verdade inteira é contada, e agora ela própria sabe: ela é a verdadeira noiva, o resto é fraude.

O velho rei, como figura paterna, contribuiu essencialmente para o desenvolvimento de sua maturidade. Nas palavras de

C.G. Jung, ele estimulou o seu desenvolvimento anímico; ou seja, as suas forças psíquicas cresceram no sentido de uma potência autodeterminada e de uma autoafirmação corajosa, forças com o auxílio das quais ela agora sabe defender a sua dignidade feminina. No peito paterno cheio de confiança, em forma de um fogão acolhedor, ele ofereceu-lhe a oportunidade de ganhar confiança em sua verdadeira natureza; para ela, o velho rei corporifica o princípio masculino que, como criança órfã de pai, ela não consegue viver nem aceitar em si.

A jovem mulher desenvolveu, através das admoestações fiéis de Falada e da dedicação do velho rei, a confiança no potencial das suas próprias forças. Nunca mais ela permitirá ser humilhada. Agora ela pode agir de modo vigoroso e auto-confiante. E vestida com vestimentas reais esplêndidas, ela é finalmente a noiva radiante, a autêntica noiva.

Cavalos famosos

Incontáveis livros para jovens e crianças tratam de cavalos, de Fúria e Flicka, do divertido cavalo com pintinhas de Píppi Meialonga ou de Jolly Jumper, o cavalo na série de história em quadrinhos de Lucky Luke. Inesquecíveis são os cavalos nas aventuras com personagens indígenas escritas por Karl May, Iltschi de Winnetou ou Hatatitla de Old Schatterhand, bem como o famoso cavalo Comanche que atravessou o campo de batalha de Little Bighorn carregando o seu capitão gravemente ferido e, por fim, vigiou-o fielmente quando já havia caído. Como único cavalo sobrevivente dessa batalha, foi encontrado em pé diante do seu senhor morto.

Um cavalo muito citado é Falada, do conto de fadas acima abordado *A moça dos gansos*. O escritor alemão R.W.

Friedrich Ditzen derivou dele seu pseudônimo "Hans Fala-da", em que o nome Hans provém do conto *Hans in Glück* [João Felizardo]. Bertolt Brecht compilou o material. E Henrich Heine, que amava especialmente a história da moça dos gansos e do cavalo Falada, conta que na sua infância se arrepiava quando sua babá lia e relia para ele: *"Pobre Falada, ali pregado"*. Esse conto de fadas o teria estimulado a escrever o ciclo de poemas satíricos *Alemanha, um conto de inverno*.

O mais famoso cavalo da história, no entanto, certamente é Bucéfalo, o cavalo de Alexandre o Grande. Segundo a tradição, a oferta de compra de um cavalo lindíssimo foi feita ao Rei Filipe II, o pai de Alexandre. O cavalo, contudo, tinha um comportamento tão selvagem que ninguém queria montá-lo quando foi apresentado ao rei. Alexandre, na época com 10 anos, porém, desde cedo um conhecedor de cavalos e um observador atento, percebeu por que o cavalo se empinava e parecia indomável. Ele se assustava com a própria sombra já que o sol estava atrás dele. Alexandre acalmou o cavalo, virou-o de frente para o sol, montou e cavalgou nele sem ser derrubado. O orgulhoso pai deu o cavalo para Alexandre com as palavras: "Procura um reino que seja digno de ti. A Macedônia é muito pequena para ti". No lombo de seu cavalo Bucéfalo, Alexandre conquistou um império, sempre cavalgando contra o sol. Seu caminho de conquistas o conduziu para o Oriente. Bucéfalo morreu afogado em uma batalha na Província de Punjab, no atual Paquistão. Ali foi sepultado com grandes honras. Alexandre o Grande, que tinha apenas 33 anos de idade, não viveu muito tempo depois da morte do cavalo.

Causava admiração o nome Bucéfalo, porque significa "cabeça de boi". O motivo era a forma da cabeça do cavalo ou a sua cor? É provável que nesse caso se trate de uma marcação a fogo de origem tessálica.

A galinha

Cacarejam, esvoaçam, voam, ciscam, debicam, chocam, piam, cantam: a galinha, o frango, o galo e o pinto. Um galo castrado se chama capão.

No mesmo instante, dizem-se galinhas, em vez de galinha, pois é um bando. Um galo tem um harém de galinhas ao seu redor; ele toma conta delas, protege-as e se encarrega da descendência. Em um bando de galinhas que se movem em torno dele ciscando e debicando, ele se sobressai a todas as cabeças, geralmente vigiando atentamente; sua plumagem desce pelo pescoço e se ajusta maleavelmente aos meneios da cabeça, e sua crista se destaca. Asas abertas e pés ciscando, ele anda em círculo ao redor da galinha; seu comportamento pode ser reconhecido nos gestos corteses de veneração.

Uma galinha pode chocar pelo menos quinze ovos. Quando ela fica sentada no ninho mais tempo do que de costume para pôr ovos, pouco se levanta para debicar ou beber e seu olhar fica parado, como se nada mais interessasse a não ser esse sentar, aí ela quer chocar. Diz-se que ela está choca. Com calma estoica, ela completa o período de incubação de vinte e um dias. Somente quando o primeiro pinto sai do ovo, a galinha começa de novo a "falar": Com tons de choca, ela diz aos seus pequenos, que, como minúsculas bolinhas de penas, logo começam a explorar os arredores, que eles devem permanecer sob suas asas ou, em todo caso, devem ficar por perto.

Isso é assim em galinheiros naturais de granjas tradicionais. Já em empresas modernas, autênticas fábricas de galinhas, os ovos são chocados debaixo de lâmpadas, e as galinhas vão parar em baterias de poedeiras ou são abatidas para fornecerem carne, elas não servem para a criação.

A nossa galinha doméstica, *gallus gallus domesticus*, é uma forma de criação da galinha banquiva, uma galinha selvagem proveniente do sudeste asiático, e pertence à família das fasianídeas (Phasianidae). No meio agrícola, fala-se de aves de criação. Assim como os perus, os patos e os gansos, a galinha é considerada um animal com penas. Todas elas pertencem ao grupo das ratitas. Somente à noite as galinhas preferem buscar locais mais elevados e esvoaçam até os poleiros do galinheiro. Unicamente em casos excepcionais, quando estão com medo ou entram em pânico, elas sobrevoam curtas distâncias apesar de seus corpos pesados.

Na busca pelos antepassados da galinha banquiva, os paleontólogos se depararam com toda uma série de fósseis de galináceas. Estima-se que sua evolução iniciou já há mais de 65 milhões de anos, uma evolução que remonta ao antepassado comum de todos os galináceos: o arqueópterix. Este é, em geral, considerado o possível elo entre os dinossauros e os pássaros. Entre os dinossauros, porém, o arqueópterix pertence ao grupo dos raptores, aos dinossauros raptores.

A nossa galinha caseira, que cacareja por aí, dificilmente mostra, depois desses milhões de anos, um comportamento agressivo. O galo, porém, pode ficar agressivo ao defender o seu bando. Sua disposição para o combate é grande, e às vezes tal galo não pode ser mantido na granja, pois ataca até as pessoas. Em vários países da América do Sul e da Ásia essa natureza orgulhosa e combativa do galo é explorada e intensificada pela criação, a ponto de converter os galos em galos de rinha que, em assim chamados "eventos esportivos", são incitados uns contra os outros e, muitas vezes, levados a brigar até a morte. Suas armas são seus bicos afiados e esporas metálicas polidas, afiveladas sobre seus dedos traseiros. Seus ataques são atiçados freneticamente, enquanto que os criadores e espectadores ambiciosos fazem suas apostas. Através da aplicação de analgésicos, a briga dos animais frequentemente é prolongada ainda mais.

Na China, a domesticação da galinha para produção de carne teria se iniciado no sexto milênio a.C.; na Europa, bem mais tarde. Homero ainda não faz qualquer menção às galinhas. É somente por intermédio dos romanos, que as mantinham em grande estilo como fornecedoras de carne e de ovos, que elas se tornaram conhecidas e foram disseminadas.

Atualmente existem diversas modalidades de criação: baterias de galinhas poedeiras, criação no solo, criação em liberdade e criação em pequenos grupos. A carne de galinha é muito apreciada; a criação de galinhas, eficiente. A carne de galinha pode ser preparada das mais variadas maneiras; ela é saudável. Quando se está doente, um caldo de galinha ajuda. As pessoas idosas que precisam ingerir comidas leves preferem carne de galinha. E principalmente as crianças adoram um frango assado bem crocante. Não foram Juca e Chico que aprontaram uma travessura com a viúva Bolte e furtaram as galinhas assadas do fogão – com um anzol através da chaminé – e se fartaram de comer, como no país da Cocanha?

A popularidade da carne de galinha continua inalterada, mas nos dias de hoje está crescentemente associada também a um aspecto perverso. Os animais apinhados nas fábricas de galinhas, que fornecem a carne de galinha com pouca gordura, devem remediar os pecados de milhões de consumidores supernutridos e com sobrepeso. A carne de galinha se torna uma alternativa alimentar bem-vinda para uma sociedade supernutrida.

Conhecemos intermináveis raças de galináceas, algumas destinadas ao fornecimento de ovos, outras mais adequadas à produção de carne, raças em tamanho grande, raças de galinhas anãs, as galinhas sedosas, cada raça mais colorida que a outra. A variação de cores e de formas da plumagem é inesgotável. O que sempre causa especial impressão é a plumagem do galo com as penas da sua cauda em forma de crescente, que brilha em tons variados e acentua sua forma impressionante. Não surpreende que se diga que é vaidoso, além de se destacar do bando de galinhas, estica-se todo e, por meio de seu canto alto, assegura o seu território.

A galinha na linguagem

Como animal doméstico, a galinha desde sempre conviveu em estreita relação com o ser humano. Quando é criada em liberdade, ela consegue chegar a quase todos os lugares. Ela debica e cisca no pátio, no galpão, no celeiro, nos estábulos, no campo, no esterco. Esse convívio deixou suas marcas, e muitas expressões, locuções e ditos na crença e na superstição fazem referência à galinha ou ao galo. Além disso, a galinha contribuiu para uma das discussões filosóficas mais estimulantes, a saber, o problema do ovo e da galinha. Nas discussões em que falta uma fundamentação inequívoca porque os argumentos se movem em círculos, é recorrente que venha à tona a questão: Quem existiu primeiro, o ovo ou a galinha?

Na linguagem popular, fala-se de "galinha maluca", de "galinha boba", de "galinha desorientada, agitada". Em sentido figurado, tais expressões designam principalmente um comportamento desorientado e agitado, no caso das mulheres.

A respeito das galinhas supostamente agitadas entre as mulheres, diz-se que seriam histéricas, sempre em agitação, propensas a fazer drama, enfim, "galinhas cacarejantes".

E "franginhas bobas" são meninas ingênuas, que se deixam seduzir facilmente e também aceitam qualquer proposta. São também aquelas meninas que estão à espreita dos seus ídolos, dos cantores preferidos e *pop stars*, e que, após os eventos, os seguem até os seus hotéis: as "*chicks*".

À pretensa estupidez das galinhas alude também a locução: "Da lachen ja die Hühner!" [lit.: "Aí até as galinhas se põem a rir!"]. Significa que algo é tão ridículo que até as estúpidas galinhas se põem a rir. Estúpido também é "matar a galinha dos ovos de ouro" – uma locução que se reporta a uma fábula de Jean de La Fontaine.

No caso da expressão "galinha brigona" ou "galo brigão", faz-se referência à hierarquia que reina no galinheiro. O que está em jogo é a precedência.

A locução "Mit dem habe ich noch ein Hühnchen zu rupfen" [lit.: "Com ele eu ainda tenho de depenar um franguinho"] significa preparar-se para uma discussão com alguém. E dependendo de como a briga acaba, alguém tem de "soltar penas". "Algo está sendo incubado", diz-se quando é preciso tempo para um trabalho, uma solução difícil ou o desenvolvimento de uma ideia.

A expressão "Kein Federlesen machen" [lit.: "Não ficar escolhendo penas"] significa fazer uma coisa sem complicação desnecessária, sem exageros. Na Idade Média, essa locução teria sido uma reprimenda para os súditos que se ofereciam para limpar uma poeirinha ou tirar uma penugem do casaco dos seus senhores. "Man muss doch nicht immer wie aus dem Ei gepellt sein" [lit.: "Não é preciso estar sempre como um ovo recém-descascado"] – não se reconhece aqui inclusive a reação à esposa conservadora, que ainda ajeita rapidamente a gola ou escova as caspas do sobretudo?

"Galinha choca" é uma designação também para a mãe humana que não consegue soltar seu filho. Ele não está em condições de deixar o ninho, quando a mãe exagera na sua assistência e o mantém por muito tempo sob suas asas. Nesses casos, o amor protetor da mãe vira uma armadilha, pois ela quer ficar com seu filho como se ele fosse uma criança pequena.

E o que se escuta sobre o galo? No sul da Alemanha, há o dito: "Dorme, neném, abata o franguinho. Ele não põe ovo, meu bem, e ainda come meu pãozinho". Portanto, vai para a panela! Contudo, não se deve falar do galo somente de maneira tão prática na perspectiva do camponês. No galinheiro, ele cuida da ordem; ele alerta e anuncia o perigo; ele é um bom pai, e quando se diz: "Um bom galo não engorda" isso significa que ele é sexualmente ativo. Ele tem de cuidar para que os ovos também sejam fecundados, caso contrário não sucede nada na incubação. A galinha põe ovos mesmo sem o galo, mas pintos só saem dos ovos com a intervenção do galo.

Com seu canto, o galo anuncia o nascer do sol, acorda os que dormem, lembrando-os das obrigações do dia. Um galo novo, que recém começou a praticar o canto, é chamado na

Suíça de "cantor". Na Suíça, fala-se de "Mistkratzerli", o galinho que testa sua voz masculina em cima do monte de esterco. Quem canta, tem a palavra. E, no passado, essa estava reservada ao homem. Nos povoados, ouvia-se por isso: "Das meninas que assoviam e das galinhas que cantam como galos devem-se torcer os pescoços a tempo".

Um homem vaidoso, pomposo é chamado de "galo". Com essa expressão, critica-se o fanfarrão que não tem muito a oferecer. E quando alguém é chamado até mesmo de "Hahnrei" [corno], esta é uma das maiores ofensas para um homem; nesse caso, sua mulher o trai com um amante mais potente, pois ele mesmo é incapaz. No interior do bando de galináceas, o "Hahnrei" é um galo castrado, um capão. Ele não serve mais para a fecundação, tornando-se, porém, maior e mais gordo do que um galo, sua carne é macia e suculenta.

A expressão "colocar cornos", que frequentemente é relacionada de maneira incorreta com animais que têm cornos, vem do fato de que, no passado, quando da castração dos galos novos, cortavam-se também as esporas, que eram postas então na sua crista. Porque com as esporas como cornos era fácil identificá-los, quando do abate, no meio do bando de galináceas.

A galinha como símbolo

A natureza assustadiça costumeira das galinhas é proverbial. O alvoroço ocorre facilmente não só no caso da galinha individual, também do bando de galinhas. As galinhas reagem de modo sensível ao desconhecido, aos ruídos ou aos movimentos bruscos. Elas podem entrar em pânico e, nesse caso, realmente esvoaçar desorientadas e se machucar em paredes, cercas ou grades. Elas também brigam, e nesse caso um cacarejo e uma algazarra intensa interrompem o ciscar habitualmente tranquilo e os agradáveis banhos de areia.

Por trás da imagem da galinha encontra-se um grande leque de significados simbólicos. Da galinha ligeiramente irritadiça à choca estoica e conscienciosa, da galinha boba à galinha fértil altamente venerada, da galinha dispersa àquela ordenadamente adaptada ao coletivo.

Nas imagens do inconsciente – por exemplo, nas imaginações ou sonhos –, galinhas talvez remetam para ideias desorganizadas, dispersas, como, por exemplo, fica evidente inclusive em um grafismo rabiscado e tremido, quando as letras dão a impressão de que galinhas andaram sobre a folha. Galinhas como símbolos remetem para os medos ou as inseguranças ou para o excesso de atenção para as coisas fúteis. Nesse caso, a pessoa terá de reunir suas energias e se dedicar às questões importantes. Quando, por exemplo, a imagem de um bando de pintos se dispersando e se movendo quietinhos ao redor, aos cuidados de uma galinha, pode ser compreendida como um símbolo dos diversos problemas e tarefas do cotidiano que dificilmente podem ser tratados em conjunto, trata-se de um indicativo premente de exigência excessiva; a situação de vida tem de ser mudada. Lamentavelmente, como os sonhos muitas vezes não oferecem a solução, cada um tem de buscá-la na realidade com plena consciência e de acordo com as circunstâncias. No entanto, às vezes, ela também se encontra codificada na imagem simbólica do sonho e pode ser explicada por meio da interpretação.

Sobretudo, porém, a galinha é um símbolo da fertilidade; ela carrega em si os embriões de uma grande bênção de ovos. Quando um ovo é posto, logo amadurece o próximo no ovário.

Nessa imagem se expressa a força criadora, uma energia criativa que renova a vida. A ela vinculam-se a felicidade, o bem-estar e o sucesso.

Na primavera cresce a vida. As galinhas estão associadas às deusas da primavera; elas acompanham Freia, Afrodite e Vênus. Porque onde essas deusas põem seus pés, brota o verde e abrem-se os botões das flores. E não é por acaso que o coelho da Páscoa – como coelho, ele mesmo, um símbolo de fertilidade – traga os ovos coloridos justamente na primavera. Por trás do coelho da Páscoa estão as galinhas. Melhor: elas sentam e põem os ovos, que o coelho da Páscoa pinta.

O galo é considerado o epítome do orgulho e da vaidade masculinos. Com sua postura ereta, majestosa, seus passos largos e dignos, ele é um símbolo da masculinidade potente, da masculinidade de macho. Ele fascina pelo seu jeito.

Por causa da sua atenção e do anúncio pontual da luz da manhã, o galo é também um guardião confiável. Nele se reconhece, em geral, um símbolo de vigilância, de energia masculina, de fertilidade, de força, de espírito combativo, de luz e de ressurreição. Com esses atributos, ele corporifica o lado ativo da vida, o encontro aberto e corajoso. Como guardião da sua comunidade e como símbolo da luz e da ressurreição, ele se encontra no alto de torres de igrejas e de chaminés seculares.

Inclusive entre os celtas, o galo era considerado um animal sagrado, relacionado ao deus do sol Lugh. No noroeste da França, onde principalmente os gauleses conseguiram, durante muito tempo, manter sua posição contra a ocupação romana, o galo gaulês tornou-se um animal heráldico.

A galinha choca e a criança humana

A imagem da galinha choca é aplicada à mãe humana quando esta extrapola o seu carinho de mãe e se senta sobre sua criança como uma galinha choca. No caso do animal, esse ato não tem consequências negativas, ele fica grande por si mesmo sem complicações, alcançando sua autonomia de maneira natural e rápida. Ainda que, na primeira fase, ele ainda não esteja em condições de deixar o ninho, todo o seu comportamento, desde o início, está orientado para, em breve, alimentar-se sozinho e existir por conta própria.

O mesmo, porém, não se pode afirmar no caso de uma criança humana. Como uma autêntica altricial, ela é um "parto prematuro fisiológico" (6), como afirma o biólogo Adolph Portmann, que, à semelhança dos marsupiais, precisa ter o seu amadurecimento cuidado em um espaço de proteção pós-natal similar ao útero. Esse período de cuidado, no entanto, condiciona e provoca um forte vínculo entre a criança humana e a pessoa que cuida dela, o que não se dá sem problemas, visto que esse período intensivo é comandado por um sistema psíquico complicado. A relação tem de ser muito maleável e adaptável para que a criança tenha as melhores condições de desenvolvimento. Em suma, a mãe ou qualquer outra pessoa que cuida da criança deveria dispor de uma grande medida de atenção sensível e também criativa, a fim de poder dar uma resposta positiva, além de tudo, inclusive aos esforços de desprendimento necessários para a criança em crescimento.

No livro *O nascimento psicológico da criança*, a psicóloga do desenvolvimento Margaret Mahler descreve que é somente com 3 anos que a criança alcança uma autonomia psicofísica relativa, a saber, quando construiu em seu íntimo uma imagem simbólica da mãe (7). O espaço de proteção em que ela agora se move passou por uma ampliação e se estende, em parte, à sociedade, quando se parte do princípio de que, por exemplo, também a vizinhança ou a creche, o jardim de infância, ou a escola é algo parecido a um colo materno ampliado.

Ao contrário dos filhotes dos animais, a criança humana percorre as fases de desenvolvimento da infância e da adolescência ainda sob a proteção e o controle de suas pessoas de referência originais. E, além disso, durante toda a vida, ela permanece ligada pessoalmente a sua família. Dessa situação fundamental resultam algumas dificuldades para o desenvolvimento autônomo, agravadas pelo comportamento exagerado de "choca". Diversos entraves ou sentimentos ambivalentes podem incomodar profundamente uma criança ao longo do processo de desprendimento. É por isso que, durante todo o desenvolvimento infantil, os pais precisam repetidamente se adaptar ao seu filho e se relacionar com ele de outra maneira.

Pintos não têm esses problemas. Do bando inicialmente cauteloso de bolinhas de penugem amarela forma-se logo um bando de galinhas jovens que correm ao redor e debicam agilmente, o qual, embora reaja ao chamado providente da mãe porque promete alimento, em breve não precisará mais da sua proteção.

O problema do ovo e da galinha

Quem existiu primeiro, o ovo ou a galinha? Esta é a questão que busca pela causa original de uma cadeia causal, cujos eventos representam reciprocamente causa e efeito.

A galinha põe um ovo. Logo, ela existe primeiro, antes do ovo. Ela mesma, porém, nasceu de um ovo, logo o ovo do qual ela própria saiu tem de ter existido antes dela. Onde está o início dessa cadeia que tem de ser concebida ao infinito? Ela se move em círculo ao infinito.

Há um início? Existe um fundamento que pode ser considerado o início dessa cadeia causal? Onde se pode encontrá-lo? Desde a Antiguidade, essa questão ocupou, na forma de metáfora filosófica, grandes pensadores. Em tratados e especulações complexos, eles buscaram lidar com esse problema.

Enquanto que, para Schopenhauer, o problema do ovo e da galinha constitui uma metáfora da busca por um fundamento último que coloca a vida em movimento, Kant, o ético, vê aí principalmente o círculo vicioso, que existe na proposição do ovo e da galinha. Pode haver uma escalada ruim caso aplicado, por exemplo, à seguinte reação humana: "olho por olho", ou seja, eu farei alguma coisa a alguém porque ela me fez alguma coisa, e assim por diante. Nesse caso, o problema do ovo e da galinha reside na falta de fundamentabilidade do agir ético. Por que alguém que recebe um puxão de orelhas deveria revidá-lo imediatamente na mesma medida e assim provocar uma briga sem fim? De modo correspondente à exigência de Moisés "olho por olho, dente por dente", isso seria um círculo vicioso de vingança, que pode conduzir a uma escalada mortal. A pessoa que age moralmente, na opinião de Kant, não deve fundamentar a própria conduta na de outra pessoa, também (e precisamente) não quando esta pessoa for má e vingativa, mas ela tem a liberdade e a obrigação de sair dessa cadeia de causa e efeito e agir de tal modo que a máxima desse agir possa ser válida para todas as pessoas. Dessa forma, a violência que se realimenta seria interrompida, e a questão do ovo e da galinha estaria resolvida no plano ético. Ou seja, é certo que uma causa tem um efeito, mas um efeito que se diferencia da causa na medida em que ele não a repete, mas representa uma nova atitude.

Na perspectiva das ciências naturais, que tratou da questão do ovo e da galinha em sentido literal e a compreendeu como pergunta pelo surgimento da vida, ela é levada *ad absurdum* na medida em que a pesquisa em torno da evolução demonstra que, em termos biológicos, não se pode falar nem de um primeiro ovo nem de uma primeira galinha. Decisivo é antes que, no decorrer da história da evolução, em geral tenha havido algum dia um animal que assegurou sua reprodução através de um ovo. No jogo misterioso das moléculas formadas pelo ácido ribonucleico, em algum momento surgiu um animal que põe ovos. E, no cruzamento seguinte das diversas linhas de desenvolvimento, apareceu o arqueópterix, que, como já assinalado, é considerado o ancestral de todos os pássaros e assim também da galinha.

O ovo na mitologia

Em quase todos os mitos do mundo, o ovo desempenha um papel significativo como recipiente para o potencial de vida criativo. O ovo deve ter parecido para as pessoas desde sempre como uma criação maravilhosa, pois como forma natural a sua coesão perfeita e lisa se destaca de todas as outras formas.

Em um mito da criação pelásgico a respeito da deusa dançante Eurínome, do ovo universal derramam-se "todas as coisas que existem". A deusa dança sobre a água, ela se movimenta em êxtase. Nisso sente o vento norte, Bóreas, que a envolve. Ela o toma entre as mãos, e com o movimento das suas mãos ele se condensa na serpente Ófion e com ela copula. Então, Eurínome assume a forma de uma pomba, põe um ovo e o choca em um local misterioso. Do ovo universal se derramam o sol e a lua, os planetas, as estrelas, a terra com suas montanhas e seus rios, suas árvores e suas ervas e todos os seres vivos.

A concepção mítico-mágica do movimento do vento, a deusa que dança sem a força da gravidade, a transformação do vento em uma serpente, a transformação da deusa em uma pomba choca, alcança a sua realização com o ovo como recipiente que a tudo abrange. Nele está contido tudo o que surgiu através do movimento: a criação.

Nesse mito, fazendo uma associação com o problema do ovo e da galinha, não há dúvida sobre o que existe primeiro.

Os pintores da Renascença italiana acolheram com predileção os temas da mitologia greco-romana em suas pinturas, associando-os às vezes com as concepções cristãs. Nas suas pinturas, encontram-se antigos seres híbridos e animais divinos, assim como a pomba, o cisne e também o ovo. Um tema preferido é o amor entre Zeus como cisne e a mulher humana Leda. Zeus, o cisne divino, envolve, seduz e engravida Leda. Visto que, no entanto, Leda tinha um marido, do qual concebeu na mesma noite, ela dá à luz, por consequência, logo quatro filhos. Por um lado, os gêmeos Clitemnestra e Castor como filhos humanos e, por outro lado, os gêmeos Helena e Pólux, cujo pai era o cisne divino. Eles saíram dos ovos postos por Leda.

Pólux e Castor, este que na condição de filho humano era mortal, tornam-se, como meios-irmãos gêmeos, uma dupla heroica inseparável: os dióscuros que cavalgam e lutam. Como recompensa por seu amor fraterno, Zeus iguala Castor a Pólux e eterniza ambos juntos na constelação de Gêmeos. Essa é, em todo o caso, uma versão das formas entretecidas e ramificadas da mitologia antiga. Clitemnestra torna-se a esposa do poderoso Agamêmnon, o rei de Micenas.

Helena, a bela nascida do ovo, porém, fornece o motivo para uma das guerras mais famosas. Ao mesmo tempo, tem início com ela e com a sua história a arte das narrativas escritas em nossa cultura. Na *Ilíada*, Homero descreve a Guerra de Troia, travada pelo amor de Helena. Esta, embora casada, seguiu para Troia com o príncipe troiano, Páris. Um encantamento amoroso, uma intriga amorosa? Por trás do adultério de Helena estava a ardilosa Afrodite, que prometeu a mais bela mulher do mundo à Páris em gratidão caso este lançasse para ela a maçã de ouro por ocasião da competição das graças. O marido enganado, Menelau, rei de Esparta, pôde conceber a perda de sua bela esposa somente como um roubo indecente. Furioso, ele se aliou a outros heróis gregos e declarou guerra a Troia.

Certamente, a imagem cristã da concepção de Virgem Maria pelo Espírito Santo na forma da pomba remonta às antigas concepções míticas. Também aqui a fecundação leva a uma encarnação divina. E também o ovo desempenha um papel relevante no simbolismo cristão.

Em uma pintura enigmática de Piero della Francesca, que apresenta Maria com o Filho, sentada em um trono, rodeada de santos e anjos. À direita na pintura, aparece de joelhos o comitente, Federico da Montefeltro, vestindo uma armadura de ferro. Sua viseira está deitada diante de seu joelho, dobrado em um gesto de submissão. A pintura se chama *Sacra Conversazione* (1472, Milão, Pinacoteca de Brera). No colo de Maria dorme o Menino Jesus, deitado em uma posição insólita, inteiramente entregue a si próprio, quase escorregando do colo. Maria tem as mãos unidas bem acima do menino como se o entregasse já agora ao seu próprio destino. Normalmente, o Menino Jesus está sentado aconchegado à sua mãe, ou está em pé sobre seu colo, amparado afetuosamente por ela, e contempla os fiéis com olhos atentos. Aqui, porém, está deitada uma criança adormecida, como se estivessem deliberando a seu respeito. Sobre a cena, ergue-se em arco a arquitetura da cúpula na forma de uma concha. E no centro, para onde convergem as linhas da forma da concha, está pendurado um ovo em um fio, igual a uma pérola caída da concha, diretamente sobre a cabeça da *Madonna*.

Em Botticelli (*Nascimento de Vênus*, 1486, Florença, Galeria dos Escritórios), a deusa da primavera, Vênus, gerada das espumas, é representada em pé em uma concha similar: a concha se abre sob seus pés e a ergue das ondas como uma mão divina. Vênus se levanta em seu interior como uma promessa de amor.

É evidente que as duas mulheres, Vênus e Maria, são deusas. Na tradição da Antiguidade, também Maria corporifica o amor, a fertilidade e a vida nova. Maria deu à luz o Filho de Deus, que anuncia a vida eterna e quer mudar radicalmente a concepção de Deus da sua época. O Deus pré-cristão é substituído, através dele, por um Deus do amor e da graça.

No entanto, ao passo que, em Afrodite, tudo aponta para a ideia da vida, naturalmente germinada, erótica, florescente, aqui a concha invertida, que se inclina contra a terra, disposta sobre Maria, dá a impressão de uma abóbada do destino murada. E talvez os pensamentos da mulher séria e introspecta, sentada majestosamente debaixo da concha, e da comunidade quieta que a rodeia, estejam voltados para o futuro. Será que ela pressente algo do sofrimento que a aguarda? Como mãe, Maria é uma mulher de carne e osso. E, no ovo acima dela, como símbolo do potencial da vida, estão contidos, além da mensagem sagrada da vida que se renova eternamente por meio da ressurreição de Cristo, também o destino terreno dela e da criança: as estações das suas vidas, o calvário, o preço da salvação. Com o Jesus adormecido no seu colo, a imagem lembra uma Pietá. A criança dá uma impressão enlevada, como se já tivesse triscado a morte.

O galo como símbolo no sonho

Um exemplo oriundo de um tratamento psicoterapêutico ilustra o proveito que se pode tirar de uma imagem onírica de uma galinha, nesse caso, de um galo.

Uma mulher relata, admirada, um sonho que teve na idade de 11 anos. O sonho se repetiu várias vezes naquela época com as mesmas imagens, razão pela qual ela teria se ocupado muito com ele e, ainda hoje, se recorda detalhadamente dele. Mas ela jamais encontrou uma explicação para o sonho e, por isso, com o passar dos anos, colocou-o de lado como um breve relato curioso. Só agora, relacionado à puberdade de sua filha, ele se apresentou novamente para ela em toda sua plasticidade. Ela não sabe explicar a razão.

"Estou sentada em um barco, não sei se estou ali sozinha, mas creio que sim. Está escuro, prevalece uma atmosfera noturna e, de alguma forma, festiva. Parece que o barco vai para a outra margem de um rio. De repente, vem do lado um galo andando sobre a água; ele anda tropegamente bem orgulhoso sobre as pequenas ondas. Fico como que fascinada pela sua bela aparência. É um esplendor. Ele reluz cintilando cores e ouro de suas penas. Fico admirada que ele não afunde, e me pergunto o que ele quer de mim. Ele parece me debicar, ele segue o barco e sua cabeça sempre avança."

Pensativa, a mulher baixa a cabeça e acrescenta: "Pareceu-me algo inquietante, disso lembro-me muito bem, mas a fascinação prevaleceu. Sim, a fascinação era muito forte.

Queria ver o galo repetidas vezes e o imaginava quando estava deitada à noite na cama".

Interessante é que a mulher se lembrou do seu antigo sonho bem no momento em que os problemas com sua filha tornaram-se relevantes. "Paciência, ela está na puberdade", disse com certo desdém.

Na imagem desse galo esplêndido é fácil reconhecer uma fascinação: um olhar inteiramente novo para a natureza do masculino aos olhos de uma menina que chega à puberdade. O tentador da figura masculina, o seu carisma e também noções sobre o diferente misterioso são encantadores, porém, desencadeiam sentimentos ambivalentes em uma menina. As diferenças entre homem e mulher ficam evidentes, o próprio corpo se comunica de maneiras novas, e a fantasia sobre como seria estar junto com um homem, ou com um determinado homem, causa excitação e curiosidade, e também insegurança e medo. A atração é mágica. Com arrepios agradáveis, a sonhadora constata que ele debica, portanto, ele quer algo dela. E ele não desiste, ele segue o seu barco. E talvez a efusão das centelhas coloridas sugira uma sensação corporal sexual, de formigamento.

O trajeto sobre o rio é uma imagem para a transição de uma etapa de desenvolvimento para a outra. Na outra margem chegará uma jovem que encerrou a infância. Mas no momento ainda está tudo escuro do outro lado. O que a próxima fase de desenvolvimento irá propiciar, ainda está oculto. Como saber, de antemão, para onde leva uma mudança? Atravessar o rio requer seu tempo.

Esse sonho antigo, que naquela época foi tão importante para a mãe, mas que ela reprimiu e colocou de lado, agora a ajuda a entender a sua filha e as disposições desequilibradas da sua puberdade. Ao lembrar o sonho e considerar seu sentido, ela pode compreender bem melhor as questões íntimas que poderiam estar ocupando sua filha, e ela tentou ajudá-la cautelosamente, sem que em algum momento conversassem a respeito desse sonho.

 O porco

Uma porca está deitada na borda do campo. O chão está marrom e lamacento. A porca adora terra revolvida, ela gosta de se rolar nela, é sua maneira de higiene. Do outro lado, há palha. A porca grunhe e se vira ligeiramente de lado, a fim de abrir espaço para os leitões que, glutões, aglomeram-se junto às suas tetas. Os onze filhotes dão a impressão de um único e agitado monte, cor-de-rosa com pelos prateados. Eles guincham e fazem barulho ao se alimentar. A porca é gorda e pesada.

Quando os filhotes estão satisfeitos, eles logo adormecem densamente aglomerados. Também a porca espreguiça o seu corpo enorme. Agora todos descansam e se sentem super bem ou bem como uma porca. Mas a porca não sabe o que significa super bem. Ela simplesmente existe. E ela também não sabe que nessa situação, entre os animais da mesma espécie, ela é uma porca privilegiada. Ela pode se movimentar livremente, tem o seu campo, o seu lamaçal e a sua palha, o seu sol e a sua chuva. Normalmente, os porcos são criados aos milhares em chiqueiros apertados como fábricas destinadas a cevá-los para o abate.

Quando o ser humano tornou-se sedentário, fez do porco, que antes já caçava como javali nas florestas, um animal doméstico. Para as tribos primitivas que começaram a se organizar em comunidades e a construir povoados, os porcos representaram uma fonte de alimento segura. Visto que são onívoros, foram desde cedo fáceis de criar, alimentavam-se de restos de alimento, ou quando apascentados nas florestas ou nos campos, como ocorre ainda hoje ocasionalmente nos países do Mediterrâneo, encontravam frutos de diversas árvores, sobretudo bolotas, e com seus focinhos fortes, probóscides, revolviam a terra à procura de raízes, tubérculos e animais invertebrados. Essa habilidade de revolver a terra, que hoje em muitas regiões é típica principalmente dos javalis, que em decorrência disso são considerados uma praga, era empregada pelos antigos camponeses para alcançar seus propósitos. Os egípcios conduziam varas inteiras de porcos sobre os campos inundados pela lama do Nilo, poupando-se assim da lavra. E depois da sementeira, os porcos ajudavam no trabalho de cobrir as sementes com terra.

O porco é artiodátilo, mas nada tem a ver com os artiodátilos ruminantes, que comem exclusivamente plantas; no caso do porco, fala-se de garras. E como epiderme, ele não possui uma pele lisa e macia, mas um courato cerdoso, às vezes, com uma crina na nuca ou no dorso.

Do porco se aproveita quase tudo. Como animal de abate, ele fornece carne, linguiça e presunto saborosos. Para conservar a carne, já há muito tempo foram desenvolvidos, além dos procedimentos de assar e cozer, diversos processos de conservação: a secagem, a salga e a defumação. Com isso, asseguram-se provisões. E assim acontece até hoje. A pele do porco serve à produção de produtos de couro, as cerdas são transformadas em escovas e pincéis, a gordura e as glândulas hormonais são empregadas especialmente na produção de cosméticos e de medicamentos. A secreção da bile é um ingrediente importante na produção de cores têxteis; as garras e os ossos fornecem material para a produção de cola, gelatina, e fertilizantes para o jardim. Com esterco de porco se aduba os terrenos de cultivo. E, por fim, o porco, em virtude de sua semelhança anatômica e fisiológica com o organismo humano, torna-se cada vez mais valioso para a pesquisa medicinal.

Independente dessa utilidade geral, o porco, ao qual se atribui um elevado grau de inteligência, presta-se inclusive, por causa de seu excelente olfato, a animal empregado para localizar trufas. Acredita-se que possa farejar até mesmo drogas e material explosivo. Na lista de cães da polícia de Hildesheim teria existido a porca farejadora Luise, que figura ali como a "melhor cadela farejadora".

O porco na linguagem

Diante de tanta utilidade, parece estranho que justamente esse animal, em vez de ser exaltado, simbolize em termos linguísticos tanta coisa negativa, sim, abjeta, e sirva para tantas observações depreciativas.

Um "porco imundo" certamente o porco não é. "Porcaria" ele também não faz, quando vive de acordo com sua natureza, e em nenhuma hipótese é um "porco estúpido" ou "burro". Reside em sua natureza um animal que gosta de rolar na lama, na "sujeira", como o conhecemos. Ele se revira na "sujeira", e visto que nossa educação desabituou-nos radicalmente do gosto por essa assim chamada sujeira, temos a percepção de que o porco é sujo, imundo. Ele revolve a terra, tem crostas de lama na pele, faz barulho ao comer, e grunhe. Tudo isso não é conveniente. Como onívoro glutão, desinibido e impulsivo, o porco se torna o epítome da falta de cultura e de educação. Ele corporifica tudo o que é reprovável. Não se mora em um "chiqueiro". Quando um ambiente está desarrumado, fala-se de "pessoa porca", sem levar em conta que, às vezes, a gente se sente "sauwohl" [lit.: "bem como uma porca"], quer dizer, "super bem" em um ambiente caótico, e quase que precisa dele para ter novas ideias. Quando um trabalho não foi executado de maneira satisfatória, diz-se que é um "serviço porco". Na Alemanha, diz-se que alguém que escreve de modo ilegível tem uma "garra de porca".

Não admira que também outras condições desagradáveis estejam associadas ao porco. Por exemplo, quando está muito frio, fala-se em "frio porco" ou, quando chove muito, a expressão utilizada é "clima porco".

"Porcos imundos" são aqueles que querem nosso mal, e um "porco" é aquele que se expressa maliciosamente, faz insinuações sexuais "porcas" e se aproxima de modo correspondente. Com o insulto "porca gorda" se denuncia excesso de peso.

E quando as crianças se lambuzam com comida, diz-se que "se emporcalham".

A locução "Schweinehund" [lit.: "cão-porco"] é um insulto especialmente grave em que são apresentados logo dois animais com seus aspectos negativos: Alguém é imundo como um porco, quando se considera seu caráter imundo; somam-se aí os atributos caninos: covarde e conformista. Um "cão-porco" pode ser um traidor, alguém que não mantém a palavra, um difamador. E com o "cão-porco interior" se tem em mente – às vezes também com uma ligeira piscadela – uma instância psíquica que prefere se esquivar de uma tarefa ou de uma decisão em vez de enfrentá-la corajosamente: a pessoa prefere furtar-se

O animal como símbolo nos sonhos, mitos e contos de fadas 135

e continuar preguiçosamente a sonhar acordada. Esse cão-porco interior tem de ser repetidamente superado. Instigante e complexo é o conceito de Erich Mühsam, ao qual ocorreu a seguinte sentença: "Um grande cão-porco é quem perdeu qualquer senso para Heine" (8). Henrich Heine foi, como Erich Mühsam, um poeta alemão de origem judaica. Ambos eram abominados pelos círculos antissemitas. Erich Mühsam foi assassinado cruelmente pelos nazistas, em 1934, como prisioneiro político no campo de concentração de Oranienburg.

O próprio porco não merece, em termos linguísticos, ser jogado desse jeito na lama. E, por isso, quero indicar com ênfase os aspectos semânticos positivos, ainda que se trate apenas de alguns poucos:

Não é só no mundo dos cartões postais de felicitações ou dos adeptos de pulseiras que o porquinho cor-de-rosa tem seu lugar – como o trevo, o limpador de chaminés e a joaninha; nas áreas rurais, às vezes, ele é presenteado também vivo por ocasião do Ano-Novo ou ofertado ao casal no matrimônio como símbolo de felicidade e de fertilidade. É provável que, nesse caso, logo tenha como destino a grelha.

O porquinho da sorte representa bem-estar material. A expressão alemã "Schwein haben" [lit.: "ter porco"] significa ter sorte. Essa expressão se origina de dois diferentes significados: Por um lado, no passado um javali era retratado sobre o alvo utilizado nas competições de tiro, e quem o acertasse tinha sorte, ele era vitorioso. Por outro lado, em algumas competições, um porco era dado como prêmio de consolação, ou seja, em vez de sair de mãos vazias, o competidor ganhava pelo menos um porco.

Quem também sabe que porcos significam riqueza é o Barão Cigano na Opereta de Johann Strauss, ao cantar: "Meu propósito de vida ideal é gado suíno e toicinho de porco".

No entanto, toda criança, que alimenta seu cofrinho em forma de porquinho, também sabe. Na barriga do cofrinho em forma de porquinho se realiza uma maravilhosa multiplicação de dinheiro, quando se esquece de quanto ele já comeu. Aí o cofrinho em forma de porquinho pode realizar desejos. Cofrinhos em forma de porquinho já existem há séculos. Em Euskirchen, Colônia, eles foram usados por recomendação do dono do castelo Wilhem Spiess, no século XIII: recipientes de barro na forma de porcos com uma fenda.

Um tem porco/sorte ["hat Schwein"], o outro teve porco/sorte ["hat Schwein gehabt"], ou seja, ele justamente escapou de mais uma vez.

No idioma alemão, algumas plantas são designadas com recurso ao prefixo "Sau-", que significa "porca", como, por exemplo, "Saublume" [dente-de-leão], ou "Saubohne" [feijão-fava], o que está relacionado com o fato de que os porcos gostam de alimentar-se dessas plantas. Talvez, porém, desponte aqui ainda uma relação com a mitologia do porco, porque como símbolo de fertilidade ele pertence às divindades femininas que na primavera protegem a concepção, a germinação e o nascimento. Os feijões-fava, por exemplo, feijões grossos em grandes favas verdes, ital. *"fave"*, são as primeiras leguminosas que amadurecem depois do inverno. É rica em proteína e tem efeito afrodisíaco.

O porco na mitologia e na religião

Com a capacidade da porca de parir até doze ou mais filhotes e alimentá-los em sua longa série dupla de mamas, considera-se o porco um símbolo de fertilidade. Sobretudo na imagem da porca-mãe que amamenta, ela está entre as divindades maternais arcaicas. Na época pré-patriarcal, a potência criadora era considerada um atributo puramente feminino. Ao organismo feminino com seu ciclo menstrual, que segue as fases da lua, cabia grande veneração. Pesquisadores de mitos admitem que, em uma fase bastante antiga da evolução humana, ainda não era identificada uma ligação entre o nascimento e a geração pela ação de um homem; por isso, atribuía-se à mulher a capacidade misteriosa de dar à luz sozinha, por conta própria. Essas concepções estão na origem do poder da mulher e, dependendo da região e da época, de diversos rituais de veneração das divindades femininas.

A força da deusa, sua energia vegetativa, terrena, era simbolizada principalmente pelo porco fecundo, pela lua nova que estimula a fertilidade e pelo cereal. O grande ventre suíno, capaz de produzir tanta vida que se agita, tornou-se o protótipo da maternidade que dá à luz e abriga, e suas propriedades foram aplicadas a muitas formas ocas ou cavernosas, desde o formato arredondado de uma habitação até o de uma abóbada celeste.

É característico que essas deusas – entre outras, a gaulesa Ceridwen e a grega Deméter – sejam veneradas de modo correspondente à experiência do ciclo sanguíneo feminino, ou seja, como deusas triformes que representam a potência feminina nas três fases decisivas da vida: primeiro, a virgindade primaveril, segundo, a maturidade e a fertilidade do período intermediário e, terceiro, a força e o saber das velhas sábias.

Como deusa antiga, também Ceridwen mexe em um caldeirão de inspiração e de sabedoria. Seu caldeirão, um caldeirão do ventre suíno, não é mais só o receptáculo da vida material na forma do leitão que se agita, mas o recipiente repleto da experiência e da sabedoria femininas que, ao ser mexido pela deusa, põe em movimento pensamentos, ideias e conhecimento. Com esses significados, o porco pode ser concebido como uma imagem primordial da grande mãe.

Em algumas correntes feministas, as deusas têm grande relevância. Com o auxílio do símbolo da deusa, as mulheres buscam se recordar tanto da força criadora e natural feminina, que há de ser libertada, como também do poder feminino e da sabedoria feminina. À mulher oprimida no patriarcado deve caber novamente respeito e poder. O que está em jogo é o resgate de uma compreensão do feminino que foi reprimida no decorrer do patriarcalismo, principalmente pela influência das religiões monoteístas com o seu Deus único e todo-poderoso e com o estabelecimento de estruturas sociais patriarcais: os homens começaram a dominar as famílias e os clãs, a sucessão passou a ser só patrilinear, isto é, os nomes de família e a propriedade eram transmitidos apenas por um primogênito masculino. Desenvolveu-se a sociedade dos homens e os diversos ritos dos quais as mulheres foram excluídas. A mulher teve de submeter-se às novas leis e regras estabelecidas na perspectiva masculina. No judaísmo, e mais tarde também no cristianismo, por exemplo, os períodos de sangue, da menstruação e do nascimento, foram declarados impuros. As mulheres foram isoladas e evitadas. É possível que até mesmo a antiga proibição judaica do consumo de carne de porco tenha a ver com o desprezo das culturas matriarcais antigas e do feminino em si, e não possa ser atribuída somente ao fato de que os hebreus tenham sido durante muito tempo um povo seminômade que não estava em condições de manter o porco como animal doméstico. As leis alimentares existentes foram repassadas posteriormente para a religião islâmica.

De modo subjacente, porém, no desenvolvimento cultural europeu, durante todas as épocas, conservou-se um tipo de

O animal como símbolo nos sonhos, mitos e contos de fadas   139

movimento das mulheres, do qual fizeram parte as curandeiras, que eram conhecedoras da sexualidade feminina, da ginecologia, dos procedimentos do nascimento e do auxílio ao parto. Na Idade Média, porém, essas mulheres sábias foram difamadas como "bruxas", que teriam feito um pacto com o diabo. Segundo o mito patriarcal, quando manipulavam suas porções mágicas e seus unguentos, que supostamente estariam a serviço da magia negra, elas estavam entre elas. Com frequência, essas "bruxas" eram representadas juntamente com o porco: em suas reuniões, suas festas orgiásticas, elas montam em vassouras e forquilhas, bem como em bodes e porcos.

É claro que aqui o símbolo do porco tem a conotação de desejo feminino reprovável. Milhares de "bruxas" e "mulheres-porco" foram vítimas da inquisição e queimadas nas fogueiras da Igreja. Elas foram perseguidas de modo tão obstinado quanto eram também portadoras da projeção do desejo sexual masculino, do qual os homens da Igreja tinham de abster-se. Eles matavam aos milhares no exterior o que deveriam ter acalmado no seu próprio íntimo.

A maneira com que a Igreja tentou controlar a feminilidade selvagem e torná-la inofensiva é evocada também no conto de fadas *O alfaiate valente*. Nele se trata de um javali selvagem que causa insegurança na região e que deve ser capturado pelo pequeno alfaiate. Visto que é considerado um herói depois de matar "sete de uma vez" – sete moscas sobre seus doces –, o sabido fanfarrão tem de dar conta também do perigo representado pelo javali. O porco ataca e persegue o alfaiate. Este, porém, é esperto, entra na igreja, o javali vai atrás dele, ele sai por uma pequena janela, dá a volta e fecha a porta. Na nave da igreja, o porco agora está cativo como em um ventre. A Igreja, assim se poderia entender, colocou sob seu controle de uma vez por todas o elemento suíno.

A ligação entre porco, mulher, bruxa e divindade é exposta também por Baubo, uma figura da mitologia grega. Goethe a coloca em cena na noite de Santa Valburga. Uma voz diz: "A velha Baubo vem sozinha; em uma mãe-porca se avizinha". O coro responde: "Honra, pois, a quem honra cabe! A velha à frente, já se sabe! Porca robusta e anciã peralta. Das bruxas segue toda a malta". Também Baubo é a figura de uma antiquíssima deusa da terra que remonta aos primórdios da capacidade de compreensão humana. Sua figura ainda é inteiramente indiferenciada, é simplesmente redonda e está em pé sobre pernas curtas. Na verdade, ela é só corpo, ou melhor: seu corpo é cabeça, ventre, vulva, tudo em um. Em sua aparição, lembra de fato a representação metafórica antiga de um cefalópode. Ele é, quando se tem em mente o desenvolvimento da criança ao desenhar, também a expressão de uma unidade psicofísica que ainda reage inteiramente segundo o princípio do desejo.

A Baubo é um símbolo do impulso sexual. Ela é obscena e descarada. Segundo a tradição órfica, durante os mistérios eleusinos, ela teria conseguido, com gestos obscenos, alegrar uma Deméter enlutada pela sua filha Perséfone. Para Baubo, parecia óbvia a importância de, apesar de todo o luto, lembrar Deméter novamente da vida e das faces do feminino que, além da maternidade, também ainda existem.

Em 1976, chegou ao mercado o livro *Porcos com asas* (9). Ele constou por muito tempo no index tornando-se um *best-seller* mundial. A autora, Lidia Ravera, com seu diário fictício sobre as experiências sexuais de dois jovens, queria tirar de outros jovens o medo e a vergonha de abordar temas difíceis. Afinal, os jovens devem se libertar do tabu e falar abertamente sobre amor, masturbação e homossexualidade.

O animal como símbolo nos sonhos, mitos e contos de fadas   141

Pelo visto, é muito importante que se repitam iniciativas ousadas e revolucionárias nesse sentido, pois a carga que acomete os jovens, em virtude da vergonha ou da dúvida relacionadas ao desenvolvimento sexual, continua muito grande, apesar da "revolução sexual" iniciada há algumas décadas.

Na época de Freud, uma estreita concepção moral burguesa e uma vida frustrante principalmente das mulheres provocou um represamento das possibilidades de expressão sexuais, acarretando graves sintomas neuróticos. Freud os descreve em suas narrativas de casos. Sua compreensão geral dos distúrbios psíquicos permaneceu sempre vinculada à sexualidade e ao seu desenvolvimento.

Quando o comportamento sexual tem a chance de desenvolver-se e também manifestar-se no âmbito das relações humanas da forma mais livre, aberta e natural possível – dentro dos limites da vergonha e da intimidade naturais –, isso contribui para um convívio mais equilibrado e mais tolerante. Comportar-se de modo sensual não tem de degenerar-se em desejo irresponsável, semelhante ao país da Cocanha, como sobre a ilha de Circe:

Na Odisseia de Homero, Circe, detentora de poderes mágicos, transformou alguns dos companheiros de Odisseu em porcos e em outros animais. E embora, por pressão de Odisseu, ela logo lhes tivesse devolvido a sua forma humana, todos ficaram com Circe durante quase todo o ano e o deleite chegou às raias da irresponsabilidade. Quase teriam se esquecido das suas obrigações e do regresso para a sua terra, Ítaca. Odisseu partilhou o acampamento com Circe, e os companheiros se sentiram super bem com o vinho encantador e com a comida saborosa.

À primeira vista, Circe, a sedutora, poderia ser considerada até uma benfeitora, pois depois das grandes dificuldades da perigosa aventura precedente, os heróis bem que mereciam uma pausa. No entanto, Odisseu deixou-se cativar e apreciou sobremaneira a oferta de Circe, de modo que esse episódio de fato pode ser considerado uma imagem de um transbordamento dos aspectos impulsivos da psique.

O porco mítico

Ao contrário da porca, o porco ou o javali aparece em forma selvagem e agressiva. Preciso e impetuoso, ele rompe o matagal, ataca os seus perseguidores e mostra, assim, um destemor guerreiro. Seus dentes caninos inferiores são presas afiadas com as quais ele pode ferir letalmente seus adversários. Os seus dentes e a sua cabeça são, ainda hoje, troféus cobiçados pelos caçadores. Na Grécia antiga, os heróis usavam, para exprimir sua coragem para o combate, elmos na forma de cabeças de porcos ou equipados com dentes suínos estreitamente alinhados. Como animal selvagem, que vivia na floresta, o porco está relacionado à deusa Ártemis; ele a acompanha e a serve, e quando Ártemis estava furiosa e lançava seu olhar punitivo, mandava junto na mesma direção um porco enfurecido, para que lá provocasse danos. Javalis causam consideráveis danos em campos que, às vezes, vão até a destruição de lavouras inteiras.

Essa situação ocorreu, em uma época mítica, também no Monte Erimanto. As pessoas não sabiam como se defender da destruição provocada por um javali, até que o Rei Euristeu incumbiu o herói Héracles, que estava ao seu serviço, com a tarefa de capturar o porco e trazê-lo vivo para o castelo. Para Héracles, esse era o quarto dos doze trabalhos que deveriam torná-lo imortal e que realizou com bravura: a captura do javali de Erimanto. Como se pode ler em Karl Kerenyi, esse trabalho foi uma brincadeira de criança para Héracles. Chegando à montanha, ele afugentou o porco do seu campo, escorraçou-o para a neve da montanha, capturou-o com um laço, jogou-o sobre os ombros e dirigiu-se com ele ao palácio de Micenas. E ali ocorre a cena que os antigos pintores de vasos gostavam de retratar: o herói, com o javali nos ombros, põe o pé na borda de uma ânfora enterrada no solo, um grande recipiente em que o covarde rei se escondera tomado de pavor. Vê-se apenas como ele estica sua cabeça para fora: "Assustado diante do javali: como que diante da morte" (10).

Santo Antão e seu porco

O altamente venerado Santo Antão ou Santo Antônio, ao qual, séculos após sua morte, associou-se um porco, não tem muito a ver com o Santo Antônio de Pádua. Ele viveu como sábio e asceta do cristianismo primitivo em uma caverna no deserto do Egito – um homem santo e benevolente, que reuniu ao seu redor um grande grupo de seguidores fiéis. Santo Antão é chamado de pai do monacato.

Segundo a lenda, os seus valiosos restos mortais seguiram, por vias indiretas, de Alexandria para Constantinopla, e aí como relíquias sagradas teriam sido dadas de presente para um cavaleiro francês. Em uma parada em Arles, eles chegaram à igreja do pequeno povoado francês de La-Motte-aux-Bois, onde foi fundada a abadia central dos antonitas, St-Antoine-l'Abbaye.

O fato de o porco ter sido associado ao reverendo Antão tem a seguinte condicionante: No início da Idade Média, a Europa foi assolada por uma terrível epidemia, que se repetia em ondas, e causou sob tormentos a morte de muitas pessoas. No caso dessa epidemia, tratou-se de uma intoxicação causada pelo esporão do centeio, um fungo que se fixa nas espigas do centeio e que chega aos alimentos através de farinha contaminada. A doença que ele provoca é o ergotismo ou envenenamento por cravagem. Antes que a sua origem fosse investigada cientificamente, foi designada de fogo santo ou fogo de Santo Antônio.

Os sintomas iniciais são irritação e queimação cutâneas, provocando em seguida úlceras infecciosas e necrose, tornando necessária a amputação de membros. A enfermidade manifesta-se também na forma de convulsões dolorosas, paradas respiratórias, alucinações e problemas circulatórios.

A necessidade era tão grande que as pessoas se aglomeravam ali onde esperavam a ocorrência de curas milagrosas. Um santo especialmente procurado era Antão o Grande.

Formaram-se inicialmente na França e depois em toda a Europa grupos de assistentes e cuidadores voluntários, ou seja, irmandades leigas que construíram hospitais e acolheram os doentes. Com o Papa Gregório IX, essas comunidades assistenciais obtiveram estatutos e regras dando origem à ordem dos antonitas.

Visto que os doentes necessitavam urgentemente tanto de um bom tratamento como de medicamentos como essências, bálsamos e unguentos para aliviar os sintomas, as irmandades dos antonitas receberam a permissão para a criação de porcos. Além de boa carne, eles forneciam principalmente a banha de porco, que os antonitas, conhecedores de ervas medicinais, precisavam urgentemente, além da cera ou do talco, para dar liga aos extratos vegetais.

O porco alcançou assim o merecido reconhecimento, embora, por outro lado, nas visões supersticiosas, se visse nele o "elemento suíno", que a fantasia medieval não se cansou de

O animal como símbolo nos sonhos, mitos e contos de fadas   145

imaginar em tonalidades diabolicamente obcenas e demoníacas. A doença não era um castigo de Deus? Qualquer pessoa não estava exposta às mesmas tentações que certamente acometiam os santos eremitas, como o próprio Santo Antão, em sua meditação solitária?

Os antonitas, porém, pensaram de forma prática; eles precisavam do porco e tomaram dele somente o melhor. Desde então, o porco está associado, como animal de companhia indispensável, ao patrono de sua ordem, ao grande Antão. Em muitas ilustrações da arte eclesial, o porco está aos seus pés.

Em Issenheim, ao sul de Colmar, onde os antonitas também atuaram, está conservada, na biblioteca do mosteiro, uma relação dos componentes das diversas ervas medicinais e de suas essências que eram adicionadas às gorduras.

E no famoso painel de altar de Matthias Grünewald, o retábulo de Issenheim, pode-se ver, em uma pintura lateral, um doente com todos os sintomas do envenenamento pelo esporão do centeio: seu corpo está inchado por úlceras úmidas; os membros ameaçados pela necrose estão vermelhos e azul-escuros pelo fogo. Ao lado, estão sentados os cruéis demônios da dor provocada pela doença. Na pintura do lado oposto, porém, está sentado Antão conversando tranquilamente com outro santo, e a seus pés crescem, em traços botanicamente precisos, as plantas medicinais utilizadas no bálsamo contra o fogo de Antônio.

Para as mulheres sábias, no entanto, o efeito do veneno do espigão do centeio – muito antes de provocar essa epidemia e mais tarde ser analisada cientificamente – já era conhecido em um contexto diferente. As substâncias do espigão do centeio atuam no organismo feminino de uma maneira inteiramente distinta. Por causa de sua ação constritora, espasmódica, elas

foram utilizadas na ginecologia como medicamento para pro-
mover contrações, e dessa maneira podiam provocar também
abortos. Uma vez que, porém, a ingestão do medicamento,
mesmo em doses adequadas, ressecava a pele e provocava
fortes irritações cutâneas, as mulheres eram especialmente
gratas ao Santo Antão pelo bálsamo suavizador à base de
gordura de porco.

O porco como símbolo no sonho

Com um significado tão antagônico do porco não é fácil
atribuir uma função simbólica ao seu aparecimento no sonho.
Mas a partir do que foi descrito acima, a conclusão lógica é
que o símbolo do porco remete principalmente para a vida
terrena, para as relações materiais – em termos psicológicos,
para a esfera impulsiva ou instintiva do ser humano. Às vezes,
é importante, para um estilo de vida centrado unicamente
na esfera intelectual, resgatar novamente a dimensão terrena,
sensorial e impulsiva; nesse caso, talvez apareça no sonho a
imagem de um porco, que evoque a lembrança de que existe
algo diferente do que disciplina e trabalho, ou do que afun-
dar-se por muito tempo no luto.

Porcos famosos

O porco, um animal amável e inteligente, conquistou
grande simpatia em livros infantis, histórias em quadrinhos
e filmes: o porquinho Babe, do filme australiano *Babe um
porquinho atrapalhado* (1995), por exemplo, que sabe ajudar
e escapa de ser abatido ao aprender a guardar ovelhas melhor
do que qualquer cão. O porquinho Dick da série de desenhos

animados *The Porky Pig Show* (1964-1972) ou o porquinho esperto do desenho animado canadense *Os três porquinhos* (1996), de Karl Holman.

Miss Piggy, do *Muppetshow*, é, por outro lado, uma diva atrevida, uma emancipada egocêntrica e divertida, que está em vão apaixonada por Kermit, o sapo. Ela se mostrou eficaz como primeira oficial em *Porcos no espaço* e, por fim, foi assistente do Dr. Bob durante seus controversos tratamentos médicos. No entanto, essas novas histórias não lembram mais a inquietante natureza suína ctônica, não tem mais nada do significado mitológico vigoroso do porco, nelas trata-se muito mais de figuras de animais que somente atuam de maneira engraçada e são dotadas de qualidades humanas estrambólicas.

 O gato

Um gato está inteiramente absorto em seu mundo. Quando está deitado tranquilamente e dorme ou quando observa algo atentamente, por exemplo, ao espreitar a toca de um rato, ele parece cercado por uma área de influência da qual nos afasta. Ele não precisa de nós. E, por outro lado, de repente se vira e aprecia nossas meigas carícias. Seu pelo é macio e sedoso. Ele boceja e se estica prazerosamente ao encontro de nossos afagos, aconchega sua cabeça em nossa mão e expressa seu agrado com ronronos.

De maneira egocêntrica invejável, o gato regula a proximidade e a distância. Ele indica claramente o que quer. Quando tem o suficiente, afasta-se abruptamente. Se for preciso, ele arranha. Os gatos praticam essa variação de comportamento lúdico desde pequenos, quando brincam entre si, quando se aconchegam no canto do sofá e, de repente, balançam dependurados nas cortinas parecendo ágeis bolinhas e quando se deixam atrair por qualquer coisa que se mexa. Repentinamente, porém, vem esse afastamento enigmático, como se o brinquedo tivesse perdido o seu encanto.

Os gatos pertencem a casa, eles sabem seu lugar, retornam para suas moradas, mas afirmam sua independência.

Nosso gato caseiro se chama *felis silvestris domestica*. Ele é um animal doméstico que descende do gato selvagem das estepes do Oriente Próximo e da África, que há muito tempo se juntou ao homem, mas que só bem mais tarde passou a ser criado de acordo com a raça.

A história cultural do gato tem início no Egito. Há cerca de 4.500 anos, imigrou ali o gato selvagem africano ou núbio, *felis silvestris lybica*, um grande animal avermelhado com listras, especialmente em torno das pernas, e uma cauda longa e espessa. Ele substituiu o geneta com cabeça de lobo, que não pertence propriamente à família dos gatos, mas que, no Egito, também já foi muito importante porque comia serpentes e assim combatia para o rei do sol Rá os poderes das trevas.

No Oriente Próximo, o gato selvagem núbio, já há muito tempo, era nativo da região e, como demonstram escavações na Anatólia, era considerado desde o sexto milênio a.C. um animal sagrado. Incontáveis estatuetas de gatos atestam a relevância do culto a esses felinos. Juntamente com um gato malhado das estepes da Ásia e o gato selvagem das florestas europeias, o gato selvagem egípcio/núbio pertence aos antepassados do nosso atual gato doméstico.

A disseminação, a migração e a mistura dos gatos, que em parte chegaram ao norte da Europa através da Grécia e de Roma, foram favorecidas pela queda dos reinos dos faraós. Quando o Egito se tornou província de Roma, modificaram-se também as leis relativas aos animais, e, ao contrário do período anterior em que os gatos eram extremamente protegidos, agora eles passaram a ser levados para casa pelos legionários romanos como pequenos souvenires castiços. Além disso, também a bordo de navios de guerra e de comércio, eles chegaram pelo mar até a Itália e mais ao norte. E ali constituíram, juntamente com as espécies locais, todo o espectro de cores e tipos que caracteriza o nosso atual gato doméstico.

A diversidade colorida de figuras de gatos reside, em parte, nessa longa transmissão hereditária. O que, porém, faz com que os genes se juntem repetidamente em figuras diferentes, como em um caleidoscópio, encontra sua explicação também no comportamento sexual desses felinos. É raro que uma fêmea – caso não se trate de um animal de criação – traga ao mundo em uma ninhada dois filhotes idênticos, porque as gatas se relacionam com diversos gatos durante o período da concepção. Desse modo, surge um bando de irmãos multicolor, tigrado, cinza ou vermelho, malhado ou todo preto, de pelagem longa ou curta, com cauda espessa ou lisa.

O gato: um animal de relação

Desde meados do século XIX, os gatos são criados de acordo com a raça. Incontáveis raças de gatos encontram hoje seus aficionados. Do gato angorá ao gato birmanês, do gato cinzento *chartreux* ao elegante gato siamês de olhos azuis. Viver em liberdade e caçar ratos são coisas que a maioria desses animais não conhece mais. Originalmente predadores, esses animais se tornaram habitantes de salas de estar. Muitos deles jamais pisaram em um gramado, e jamais sentirão a terra sob suas patas. Eles dormem em cestinhos acolchoados, sobem em árvores artificiais, comem alimentos refinados e fazem suas necessidades em privadas para gatos.

Especialmente na infância, os gatos são animais divertidos e lúdicos. Alegram o ambiente familiar e, especialmente na cidade, desempenham uma importante função de animais para brincar e acariciar, destinados a crianças e a pessoas solitárias. Sabe-se que os gatos desempenham um papel relevante como animais de acompanhamento e assistentes de terapia, principalmente junto a doentes incuráveis. Generi-camente, os gatos são considerados animais bastante sensíveis, captam disposições e oscilações energéticas, reagem intensamente ao seu entorno. Diz-se que são clarividentes. É provável que, nesse caso, se faça referência a sua segurança instintiva, pois frequentemente adotam de imediato uma atitude solícita, vêm consolando e fazem carícias e se aconchegam exatamente na parte do nosso corpo que está doendo. Uma pele de gato sempre foi o melhor meio para aquecer no caso de reumatismo.

Fisicamente, os gatos são extremamente móveis e tenazes, sobrevivem a acidentes porque sabem cair. Dispõem do assim chamado reflexo corretivo. Ou seja, eles sempre caem sobre seus pés e amortecem a queda. Talvez seja por isso que se diga que o gato tem sete vidas.

As gatas são mães exemplares. Elas cuidam e alimentam seus filhotes com devotada dedicação. Quando vivem livres, escondem sua ninhada ou carregam seus filhotes repetidamente a lugares aparentemente mais seguros, pegando-os cuidadosamente na pele pela nuca. Somente quando os gatinhos estão em segurança, as mães saem tranquilamente à procura de comida.

Como animais estritamente domésticos, porém, as gatas gostam de partilhar a maternidade com as pessoas e aceitam auxílio para cuidar dos filhotes. Utilizam o cestinho arrumado e desde cedo permitem que as mãos acariciantes das crianças se intrometam nos cuidados dos filhotes. Orgulhosas de sua ninhada, concedem esse favor.

Os gatos gostam de se comportar como paxás e se deixam mimar.

O gato na linguagem

Muitas denominações, designações e locuções dão a conhecer os diversos aspectos do universo felino e evidenciam seu significado simbólico.

Do "gato astuto", do "gato carinhoso" ao "gatinho submisso", do "olho-de-gato" como pedra semipreciosa ou como sinal de alerta luminoso na bicicleta a expressões sobre "gato e cachorro" ou "gato e rato" ou a respeito do prenúncio supersticioso de azar quando "um gato preto cruza o caminho" de alguém, trata-se de locuções correntes relacionadas aos gatos. Fechamos os ouvidos para uma música que parece "miado de gato", e acreditamos que vamos morrer de "Katzenjammer" [lit.: "lamúrias de gato"] quando sofremos desgostos amorosos.

Quem "comprou gato por lebre" não verificou o que comprou e no final talvez tenha uma péssima surpresa. No idioma alemão, aquele que "die Katze aus dem Sack lässt" [lit.: "soltar o gato do saco"] surpreende os outros com a revelação de um segredo (geralmente desagradável).

E quando, pela manhã, alguém "einen Kater hat" [lit.: "tem um gato"] é porque "está de ressaca", pois na noite anterior consumiu muito álcool. Ora, a expressão "einen Kater haben" se refere só pretensamente ao gato macho, pois "Kater" representa aqui uma atenuação do termo "Katarrh" [catarro]. No passado, quando os estudantes universitários não conseguiam ir à aula depois de uma noitada, pediam ao médico um atestado acerca do seu catarro.

Em uma série dessas enumerações são tematizados muitos aspectos semânticos do gato. O que, porém, confere ao gato, em um sentido mais profundo, um significado simbólico multifacetado e o torna para nós uma imagem mental com que nos deparamos também nos sonhos, conduz à época antiga da formação dos mitos.

O gato na mitologia e na religião

Na cultura do Delta do Nilo, o gato adquiriu, já há muito tempo, um significado mitológico. O motivo de sua aproximação com os seres humanos e seus povoados certamente está ligado ao surgimento das despensas, especialmente dos celeiros, pois ali bandos de ratos e ratazanas faziam a festa.

O deus do sol egípcio Rá era responsável, na qualidade de deus da vegetação, pelo crescimento e florescimento dos cereais, bem como pela conservação da colheita e pelas novas sementes. O gato selvagem protegia em seu nome o produto recolhido ao empreender destemidamente a caça aos ladrões oriundos da escuridão da noite. Com olhos que veem à noite, aventurava-se na praga obscura que rói e esmigalha. Em função disso, os sacerdotes e o povo atribulado desenvolveram enorme respeito por eles.

Quando, além disso, a relação entre as doenças e sua transmissão por meio de ratazanas e ratos ficou clara, os gatos, como seus exterminadores, contribuíram consideravelmente para evitar a propagação de epidemias. Com isso seu prestígio alcançou inclusive uma veneração quase religiosa.

O gato foi relacionado com a lua, pois em seus olhos, que podiam iluminar a noite, via-se o reflexo do sol: a luz da lua.

E assim o gato alcançou uma posição divina. Idêntico ao olho de Hórus, ele estava incumbido de vigiar o mundo noturno.

E com a capacidade de mergulhar na escuridão profunda da noite e ali ficar à espreita – em termos psicológicos, tocar o inconsciente –, ele se tornou símbolo de forças intuitivas, criadoras.

Como uma equivalente feminina do deus Rá, ao qual cabe a renovação e a manutenção fecunda da vida, a gata foi venerada como deusa da fertilidade na forma de Bastet. Ela é representada na figura de uma gata que está sentada majestosamente e que reflete atentamente ou também na figura de uma mulher com cabeça de gata. Nela via-se a vida florescente, a alegria, o desejo, a beleza e a felicidade. Era considerada, por isso, também a protetora das grávidas. E, por ocasião das festividades, ela ensejava e fomentava a música e a dança. Ela preenche a vida, para além de seus aspectos práticos, com delicadeza e emocionalidade. Porque a música e a dança despertam emoções, elas nutrem a alma.

Desse modo, a gata é também hoje uma representante simbólica da inspiração, da força criadora e da perspicácia filosófica.

Originalmente, na deusa Bastet estavam reunidas todas as qualidades contraditórias da gata. Além do aspecto da protetora carinhosa e musical, havia ainda a Bastet furiosa, que arranha e combate, com a qual era preciso estar de bem, a fim de deixá-la bem disposta. E dessa faceta até o deus Rá teve medo quando tentou, por meio de rituais de sacrifício em que misturou sangue com cerveja, acalmá-la e submetê-la novamente a sua vontade.

Com o tempo, a parte felina perigosa de Bastet foi isolada e transposta para uma segunda deusa gata, a Sachmet ou Sekmet. Esta foi considerada desde então como figura sombria de Bastet, e, por causa de sua periculosidade, era representada também às vezes com uma cabeça de leão.

Essa dissociação, no entanto, não reduziu o significado da deusa gata. A todas as grandes divindades vinculam-se tanto forças boas como destrutivas, pois a renovação e a manutenção do mundo se baseiam na destruição e na queda.

Em algumas regiões do Egito, Bastet chegou até mesmo à posição da deusa celestial Hator, a vaca celeste, que toda manhã faz nascer novamente o cosmo e Rá, o próprio sol, e assim representa, como divindade feminina, a força primordial de toda a criação.

Na Antiguidade grega, a gata, como protótipo da primavera, do desejo e do amor, da beleza e da alegria criadora na forma da música e da dança, é relacionada com Afrodite, a deusa da primavera. Afrodite está na companhia de gatas, porque na figura da gata se unificam as forças da inspiração criativa e da beleza e do erotismo femininos.

Na Roma antiga, Afrodite se torna Vênus, e na mitologia germânica, ela é Freia, a deusa da primavera, que está na companhia de gatos. Tanto aqui como lá, reflete-se o princípio do feminino na natureza felina; os gatos representam a parte feminina da alma que C.G. Jung denomina anima "alma". Enquanto que animus como princípio masculino significa "espírito", anima quer dizer "alma". Seus significados circunscrevem os arquétipos do feminino, da imagem materna até a mulher erótica, da amada até a anima como musa, como inspiração espiritual-criadora.

É na sexta-feira que as deusas são especialmente veneradas; a germânica Freia, na sexta-feira; Afrodite e Vênus, no dia consagrado a Vênus, *venerdi*, *vendredi*. Freia, ao procurar seu marido Odin, é conduzida pelas nuvens em um carro puxado por gatos.

O gato no cristianismo

O significado do gato como corporificação do desejo e da vivacidade foi invertido perniciosamente no início da Idade

Média por ocasião da perseguição às bruxas. Para os representantes da inquisição, o gato era um animal mágico e pagão, que andava na companhia do diabo e principalmente das bruxas – sempre preto, demoníaco e perigoso com olhos verdes que brilhavam e penetravam na escuridão. Buscou-se de todas as formas matá-lo, juntamente com as mulheres designadas de "bruxas", e constatou-se que os gatos são muito tenazes e resistentes. Mesmo quando jogados da torre de uma igreja, eles sobreviviam.

Inicialmente, porém, visto que sua posse era também um símbolo de *status*, o gato era um animal bem tolerado e amado, que foi mantido inclusive em mosteiros e por ser agradável e divertido foi tão mimado que o termo "lambisqueiro" tornou-se sinônimo de gato de mosteiro. O próprio Papa Gregório o Grande, que autorizou que os gatos vivessem nos mosteiros, provavelmente carregava consigo um gato na manga de sua ampla vestimenta.

E inclusive o pequeno Menino Jesus brincou com um gato, segundo conta uma lenda simpática aos gatos. Na estrebaria, teria nascido ao mesmo tempo um gatinho do qual Maria cuidou como do seu filho. E visto que ela seguidamente o acariciava no pelo da sua testa, reproduziu-se ali o desenho de um M, um M de Maria. E esse sinal celeste salvou a vida de alguns gatos durante a inquisição. No final do século XV, Leonardo da Vinci, que foi um grande amante dos animais, produziu vários esboços para uma pintura, que deveria representar a *Madonna* com uma criança juntamente com um gato no braço.

Porém, a pior época já há muito havia se iniciado. Em toda a Europa, as fogueiras ardiam para os assim chamados hereges e bruxas. Acusadas eram as mulheres que fossem relacionadas com os poderes escuros, porque ambicionavam uma vida livre e dispunham de "conhecimentos femininos" que eram impenetráveis e suspeitos para os homens. Elas possuíam o conhecimento sobre o ciclo feminino, sobre auxílio ao parto e regras de nascimento, sobre drogas, unguentos e práticas espirituais, com os quais elas podiam por alguns momentos escapar à dura vida das mulheres daquela época. Elas eram martirizadas em assim chamados interrogatórios penosos e sob tortura e, juntamente com seus gatos "demoníacos", levadas à morte.

É de se supor que foi principalmente o desejo sexual – considerado o mal absoluto – projetado nas mulheres por homens frustrados o que provocou tais crueldades. Claro que atingiu também os gatos, pois estes realizavam de maneira inocente e desinibida seus rituais de acasalamento. O mal – segundo a visão da época – ocorria na escuridão da noite, ao brilho do luar, o astro das mulheres. Aí tem lugar também a gritaria amorosa dos gatos e o bufar do gato combativo. Nos mosteiros, o comportamento dos gatos incomodava cada vez mais, não se suportava mais a sua "volúpia ilimitada" e se passou a manter a título de experiência apenas gatos machos porque era fácil castrá-los. Os monges que viviam no Monte Atos teriam um bom conhecimento dessas técnicas.

Assim, a reputação do gato na perspectiva cristã era ambígua: ele era amado e amaldiçoado. Como animal preto, foi parar, por fim, como símbolo do mal e do inquietante, nas costas das bruxas nos contos de fadas. No entanto, apesar de toda a difamação e perseguição, os resistentes gatos não se deixaram intimidar ou exterminar.

O gato como símbolo no sonho

O que significa quando um gato aparece no sonho?

Genericamente, seria de pensar na independência felina, no afago, no erotismo, na obstinação narcisista, no caprichoso, em tudo o que pode subsumir-se no conceito de feminilidade, também os aspectos como a delicadeza, a suavidade, a sensibilidade, a espiritualidade e a criatividade.

Uma vez que os sonhos frequentemente têm uma função compensatória, pode-se perguntar também: O que falta à alma dessa pessoa que sonha, do que ela carece? Importante é também: O gato aparece no sonho como um felino real, como o gato do vizinho, por exemplo, ou é expressão e imagem arquetípica da natureza do princípio feminino felino? O que o gato quer comunicar?

Segue uma série de três breves sonhos felinos de uma mulher de meia-idade, que dão uma ideia de como um símbolo de animal auxilia a evidenciar tendências inconscientes, de como ele se modifica no decorrer do processo psicoterapêutico e, assim, promove o desenvolvimento da consciência.

Na realidade, essa mulher está em crise: Ela está insatisfeita consigo mesma, sente-se vazia e inútil, não se sente bem no matrimônio, não é suficientemente considerada e amada pelo seu parceiro. A falta de desejo e de sentido se propagou nela até o tédio existencial. Também na sua vida profissional, tudo se arrasta na rotina: "Não consigo imprimir um ímpeto novo", diz ela. "Funciono no dia a dia, inclusive sou mãe e faço tudo que é necessário, mas me sinto vazia; no fundo, quase não existo mais. Nem sequer me sinto direito." É assim que ela descreve sua situação, sem indicar uma explicação. Isso se deu desse jeito. A cor predominante em sua vida seria a cinza,

O animal como símbolo nos sonhos, mitos e contos de fadas   159

já há anos. Mas na família estaria tudo em ordem. E depois de um longo período de reflexão em silêncio, de súbito veio a sua mente – como se tivesse se agarrado a uma lampejante ideia colorida – que, na infância, teria muito querido aprender a tocar piano, o que os pais, porém, não tiveram condições de lhe oferecer.

Ocorreram-lhe episódios semelhantes que giravam em torno de restrição e renúncia, mas quando ela estava em vias de descrevê-los mais detalhadamente, logo se proibia de fazê-lo, e quando começava a refletir sobre o que gostaria de fazer, além de suas obrigações, para se alegrar, interrompia a reflexão no mesmo instante. Rapidamente, rejeitou seus desejos e os repeliu decididamente com base em ponderações racionais. A terapia se ocupou, por algum tempo, com a consideração conjunta dessa situação triste e aparentemente inalterável.

Aí surgiu no sonho o primeiro gato. Isso foi surpreendente, pois a mulher não tinha nada a ver com gatos, ela vivia no meio da cidade, por muito tempo não havia pensado em gatos, e ainda assim seguiram-se, com intervalos, três sonhos com gatos.

1º sonho
"Ao chegar a casa, está deitado na beira do caminho, perto da porta de casa, onde há uma moita, um gato morto. A cena é assustadora. E passo correndo rapidamente."

2º sonho
"Novamente estou a caminho. Aí, na água escura e lamacenta de uma poça, vejo deitado um gato ferido. Ele está como que esmagado. Isso me assusta e me dá muita pena."

3º sonho

"Ao passar por um lago, na margem submerso na água, encontra-se um gato. A água está escura, mas vejo bem precisamente o gato, sob a folhagem que flutua. A água passa por cima da sua cabeça. Não está claro se ele ainda está vivo. Tenho medo, mas me domino e puxo o gato firmemente para fora da água. Aí percebo que ele ainda respira levemente."

Não é fácil perceber um animal como uma parte anímica própria. A mulher não quer saber do gato; ela acha os sonhos curiosos e estranhos. E, apesar disso, o gato a confunde, e ela se admira porque não se vê livre dele e, depois do primeiro sonho, ele aparece mais duas vezes. É somente durante a consideração intensa da imagem do gato – a qual a mulher tem de reconhecer, ainda que de modo hesitante, como a sua própria imagem interior, pois, afinal de contas, ela é a pessoa que sonha – que ela consegue confrontar-se com o gato, ou seja, o gato pode ser tema da terapia.

Inicialmente, está claro, o gato, que no decorrer dos três sonhos foi ficando cada vez mais vivo, estava muito mal. Ele aparece morto, ferido e esmagado; em seguida, porém, respirando ligeiramente, primeiro na beira do caminho, como que empurrado para fora da estrada, e depois em uma poça; e finalmente, porém, aparece nitidamente visível na água e ainda vivo. É uma progressão sucessiva.

A reação de susto mostra claramente que a questão diz respeito à sonhadora, embora no primeiro momento ela não seja capaz de se ocupar com a imagem do gato, ou seja, de se identificar com ele. Ela não quer admitir o que se passa com o animal; ela passa por ele rapidamente. No segundo sonho, o gato está deitado, esmagado. Na sonhadora, esboça-se um primeiro sentimento: ela tem muita pena do gato. É tocada pela miséria do gato. Mas deixa-o deitado na água suja.

No terceiro sonho, ela ousa olhar para a água suja. Ela observa o gato com interesse e com uma pegada decidida tira-o da água escura trazendo-o para a luz; o gato vive, ele ainda respira. Agora ele precisa urgentemente de cuidado.

A sonhadora não apenas ousou salvar a vida do gato, mas com sua ação decidida revela inclusive que começou a levar a sério o sonho com o felino como uma mensagem oriunda do seu íntimo. Da escuridão do inconsciente ela puxa o animal para a luz: ela finalmente admite o confronto com uma violação reprimida no início do seu desenvolvimento sexual feminino, que ela, por vergonha, carregou consigo de maneira oculta – como um "gato morto" interior – durante toda a sua vida. Como um peso escuro sobre a alma, esse segredo bloqueou-lhe, entre outras coisas, o acesso à alegria de viver e ao desenvolvimento. Somente no âmbito da relação terapêutica que inspira total confiança, ela consegue tratar desse tema. E logo se manifestam novos impulsos de vida. Quando aceita as imagens felinas e cuida do gato, ela começa a recuperar para si algo vivo, ela resgata, ainda que de modo hesitante, sua própria felinidade. Ela se recorda de si mesma, do seu ser-mulher, do seu desejo e da sua alegria.

Esses três breves sonhos revelam, quanto à forma, primeiro, uma progressão no sentido da disposição para a terapia, e remetem com suas imagens para uma violação e uma negligência da vida feminina que vai até a renúncia pessoal. A mulher se sentia empurrada para a margem da vida e estava prestes a sucumbir as suas violações interiores.

Com o auxílio das imagens felinas e da consideração terapêutica diversificada a respeito do que um gato pode significar em termos psíquicos, ela conseguiu aos poucos preencher com conteúdos concretos as suas declarações inicialmente vagas e evasivas. Ela novamente tornou-se mais consciente dos seus valores e necessidades femininos e, enfim, teve a coragem de escapar da "zona cinzenta" que a paralisava. A felinidade disponibiliza a ludicidade, a feminilidade eroticamente narcisista e a afirmação de que ela precisa para se sentir viva de novo.

Talvez, algum dia, ela retome até mesmo a ideia de tocar piano.

O gato nos contos de fadas: O pobre aprendiz de moleiro e a gatinha

O conto de fadas *O pobre aprendiz de moleiro e a gatinha* conta a história de um homem, um moleiro velho e cansado. Ele vivia com seus rapazes em um empreendimento entre homens. Faltava o elemento feminino. Ele ficou sem mulher e filhos, e como a história permite supor inclusive sem o desenvolvimento interior que o teria capacitado a tomar coragem e arrumar mulher e filhos. Dos filhos ele espera a alegria da vida no cotidiano. E agora parece que o seu rapaz mais novo tem de sair de casa e recuperar substitutivamente um desenvolvimento que pode ser visto como um desenvolvimento do animus. Ele se torna o homem potente através do encontro com a anima na figura de uma gata colorida que o introduz na vida. A história é um belo exemplo do desenvolvimento necessário de ambos os princípios, o animus e a anima, na psique individual, quer se trate de um homem ou de uma mulher. Somente quando animus e anima estão em harmonia um com o outro, uma parceria verdadeira é possível.

O animal como símbolo nos sonhos, mitos e contos de fadas   163

O pobre aprendiz de moleiro e a gatinha (11)

Em um moinho vivia um velho moleiro, que não tinha nem mulher nem filhos, mas tinha três aprendizes em seu serviço. Depois que eles trabalharam alguns anos no moinho, o moleiro lhes disse certo dia:

– Já estou velho e quero descansar atrás da estufa. Saiam em viagem, e quem me trouxer o melhor cavalo, a este eu darei o moinho, e ele cuidará de mim até o fim dos meus dias.

O terceiro dos rapazes era, porém, o subalterno. Os outros o consideravam bobo e não queriam que ele ganhasse o moinho. E ele, mais tarde, nem sequer o queria.

Então os três partiram juntos. Quando chegaram à beira da aldeia, os dois disseram ao João-bobo:

– Pode ir ficando por aqui mesmo, você não consegue um cavalo nunca na vida.

Mas o João continuou a acompanhá-los. Ao cair da noite, chegaram a uma caverna, onde se deitaram para dormir. Os dois espertos esperaram que o João adormecesse, então se levantaram e foram embora, deixando o Joãozinho abandonado e achando que fizeram uma coisa boa. Quando o sol apareceu e o João acordou, viu-se dentro de uma caverna profunda.

Olhou para todos os lados e gritou:

– Ai, meu Deus, onde é que eu estou?

Levantou-se, arrastou-se para fora da caverna, e entrou na floresta, pensando:

"Estou aqui, sozinho e abandonado. Como é que eu vou chegar até um cavalo?"

Quando ele caminhava assim, mergulhado em pensamentos, cruzou com uma gatinha pequena e rajada, que lhe disse gentilmente:

– *Para onde você quer ir, João?*

– *Ora, você não pode me ajudar.*

– *Eu sei muito bem qual é a sua vontade* – *disse a gatinha.* – *Você quer um bonito cavalo. Venha comigo e seja meu fiel servidor durante sete anos, então eu lhe darei um cavalo tão bonito como você nunca viu na sua vida.*

"Ora bem, esta é uma gata extraordinária", pensou João; "mas quero ver se o que ela diz é verdade".

Então a gata levou-o consigo para o seu castelo encantado, onde ela tinha uma porção de gatinhas que a serviam. Elas pulavam, muito ágeis, escada acima e abaixo, alegres e bem-dispostas. À noite, quando estavam à mesa, três delas faziam música. Uma tocava contrabaixo, a outra violino e a terceira soprava trombeta, enchendo as bochechas até não poder mais. Quando acabaram de comer, a mesa foi retirada e a gata disse:

– *Agora venha, João, e dance comigo.*

– *Não* – *respondeu ele* –, *não vou dançar com uma gata-bichana, nunca fiz isso antes.*

– *Então levem-no para a cama* – *disse ela às gatinhas.*

Daí, uma iluminou-lhe o caminho até o quarto de dormir, outra tirou-lhe os sapatos, outra, as meias, e por fim uma apagou a vela. Na manhã seguinte, elas voltaram e ajudaram-no a sair da cama, uma calçou-lhe as meias, outra atou-lhe as ligas, uma pegou os sapatos, outra o lavou e enxugou-lhe o rosto com o rabo.

– *Isto é bem macio* – *disse João.*

Mas ele tinha de servir a gata, picar lenha todos os dias. Para isso, recebeu uma machadinha de prata, cunha e serrote de prata, e martelo de cobre. Então ele picava a lenha bem miúda; ficou vivendo na casa, tinha a melhor comida e bebida, mas nunca via ninguém além da gata rajada e das gatinhas da criadagem.

Certa vez ela lhe disse:

– Vá ceifar o meu campo e secar o capim.

Ela deu-lhe uma foice de prata e uma pedra de amolar de ouro, e mandou que ele entregasse tudo pontualmente. Então o João saiu e fez o que lhe foi ordenado; e ao terminar o serviço levou para casa foice, pedra e palha, e perguntou se a gata já lhe daria a sua recompensa.

– Não – disse a gata –, você precisa fazer mais uma coisa para mim. Aqui tem madeira de construção, machado de carpinteiro, cantoneira e o mais que é necessário, tudo de prata; construa-me com isso uma casinha pequenina. João construiu a casinha e disse depois que já tinha feito tudo e ainda não recebera o cavalo. Mas os sete anos lhe passaram como se fossem metade de um. Aí a gata perguntou se ele não queria examinar os seus cavalos. João disse que sim. Eles abriram a casinha, e lá estavam doze cavalos, ah, tão bonitos, altivos, lustrosos e espelhados de alegrar o coração.

Então ela lhe deu de comer e beber e disse:

– Volte para casa! Não lhe darei seu cavalo para levar agora, mas irei lá daqui a três dias e o levarei para você.

Aí João se aprontou para partir, e ela mostrou-lhe o caminho para o moinho. Mas ela não lhe deu nem ao menos uma roupa nova, e ele teve de ficar com o seu velho casaquinho esfarrapado, que ele trouxera no corpo e que nesses sete anos lhe ficara curto de todos os lados.

Quando ele chegou a casa, os outros dois aprendizes de moleiro também já tinham voltado. Cada um, de fato, trouxera um cavalo, mas o de um era cego, e do outro, manco. Eles perguntaram:

– João, onde está o seu cavalo?

– Ele vai chegar daqui a três dias.

Aí eles riram e disseram:

– Pois sim, João, onde é que você ia arranjar um cavalo? Há de ser uma coisa e tanto!

João entrou em casa, mas o moleiro disse para ele não se sentar à mesa, porque estava tão andrajoso que seria uma vergonha se alguém entrasse e o visse. Aí eles lhe levaram um pouco de comida para fora. Quando foram dormir, os dois outros não quiseram dar-lhe uma cama, e ele teve de se enfiar no cercadinho dos gansos e deitar-se sobre um pouco de palha dura.

De manhã, quando ele acordou, os três dias já tinham passado, e eis que veio chegando uma carruagem puxada por seis cavalos. Ah, eles brilhavam que era uma maravilha! Um cavalariço trazia ainda um sétimo corcel, que era para o pobre aprendiz de moleiro. E da carruagem desceu uma suntuosa princesa, que entrou no moinho.

A princesa não era outra senão a pequena gatinha rajada que o pobre João servira durante sete anos. Ela perguntou ao moleiro onde estava aquele aprendiz subalterno, o João. E o moleiro disse:

– Não podemos mais usá-lo no moinho, ele é esfarrapado demais e está lá no cercadinho dos gansos.

Então a princesa mandou que fossem buscá-lo e o trouxessem sem demora, e eles o trouxeram, e ele tinha de segurar seu casaquinho para se cobrir. Aí um criado tirou da arca umas roupas luxuosas, lavou-o e vestiu-o, e quando ficou pronto, nenhum rei poderia ser mais belo que ele.

Então a princesa exigiu que lhe mostrassem os cavalos que os outros dois aprendizes tinham trazido. Um era cego, *outro, manco. Aí ela mandou o cavalariço trazer o sétimo corcel. Quando o moleiro o viu, disse que um cavalo assim nunca pisara no seu quintal.*

– Pois ele é para o moço João – disse ela.

– Neste caso o moinho será dele – disse o moleiro.

Mas a princesa disse-lhe que o cavalo ficaria lá, e que ele, o moleiro, podia ficar com o seu moinho também. Depois chamou o seu fiel João, colocou-o na carruagem e partiu com ele.

Eles foram primeiro para a casinha pequenina que ele construíra com as ferramentas de prata. E eis que era um grande castelo, e tudo dentro dele era de ouro e prata. Então ela se casou com ele, e ele ficou rico, tão rico que teve tudo o que queria pelo resto da vida.

Tentativa de interpretação

Um velho moleiro e três aprendizes trabalham em um moinho; ou seja, eles se arrastam através dos dias porque o ambiente é tudo, menos alegre. No seu empreendimento de quatro homens, a vida parece estagnar, o velho moleiro quer desistir.

Um moinho geralmente está em local afastado onde há água corrente, muitas vezes em um vale misterioso junto a um riacho. Em outras histórias e canções, ouve-se a roda do moinho estalando alegremente; isso pode representar a vida que continua a se movimentar eternamente, bem como também a água que a impulsiona pode simbolizar a corrente irrefreável do tempo. Poderia tratar-se de um lugar alegre, idílico.

Mas a roda significa também aquilo em que alguém está enleado, que gira e gira, cansando e consumindo diariamente a pessoa, não deixando que ela se liberte.

Essa visão certamente afeta aqui principalmente o humor do velho moleiro. Ele está cansado da monotonia diária. Sem mulher e filhos, como consta na primeira frase, ele se sente velho. Falta riso e sentido à vida. Ele quer entregar o seu moinho e se recolher para trás da estufa. O moleiro parece estar resignado, ele está inseguro, sem perspectiva de futuro e, como um aposentado por invalidez, pensa em ser alimentado até o seu fim por um dos aprendizes ao qual ele quer repassar o moinho.

Realmente velho, porém, o moleiro nem deve de fato ser, pois ele pensa em um cavalo que os rapazes lhe devem providenciar. Ele prometeu o moinho àquele que trouxer para casa o cavalo mais belo – uma ideia que está associada a uma animação: Ao querer um belo cavalo, o moleiro anseia por forças impulsivas novas, por impulsos vitais, por erotismo e sexualidade, pela vida inteiramente plena. Ele manda os rapazes procurarem por esse cavalo.

E como ocorre com frequência nos contos de fadas, é a figura mais jovem e supostamente mais estúpida, mas também a mais inocente, ingênua e confiante, que cumpre a tarefa: o João-bobo.

O local do moinho dá a impressão de um canto cinzento, congelado, quando João partiu; um lugar morto frente ao mundo colorido, vivo, que ele encontra em sua jornada de busca. Semelhante à menina Goldmarie que cai em um poço e chega até a senhora Holle, também ele chega a um mundo mágico, a um mundo encantado, ao ficar para trás, sozinho, na escuridão da caverna em que dormiu. É como se ele tivesse de permanecer lá embaixo na escuridão e, assim como Goldmarie, fazer experiências importantes e, através delas, continuar a amadurecer. Quando ele, enfim, engatinhou para fora da caverna e viu a luz, é como se ele se encontrasse no mundo irreal do sonho: Ele acorda no meio de uma floresta e encontra uma gata, uma gatinha colorida. E agora ele se transforma de João-bobo para rapaz corajoso que se deixa envolver em aventuras. Ele segue a gata que, como gata colorida, parece conhecer as cores da vida em todas as nuanças ou – como se poderia dizer com a imagem que aqui não é inteiramente coerente – que é banhada por todas as águas.

A gata leva João a um castelinho, onde deve permanecer ao longo de sete anos. Sete é o número mágico do desenvolvimento e da transformação gradual, e inclusive o número da criação. Com esse prazo de sete anos, a gata aponta para o fato de que ele só pode obter o belo cavalo através de seu próprio desenvolvimento. Ele não pode comprá-lo, nem trocá-lo, ele tem de merecê-lo por meio do trabalho. Ele tem de se mostrar digno de um cavalo.

Certamente, pode-se ver em João uma figura interior do moleiro, uma parte da alma masculina, imatura, que corria o risco de atrofiar-se prematuramente. O moleiro queria se retirar da vida e se encolher atrás da estufa. Mas quando ele, apesar disso, deseja um cavalo, por trás da resignação deve se ocultar algum outro desejo. Então talvez queira até mesmo começar de novo? Para isso, contudo, faltam-lhe no momento as forças; ele está cansado e decepcionado com a sua vida que até agora o privou de importantes qualidades vitais. Falta-lhe a inspiração, falta-lhe a mulher, a moleira alegre, que poderia dar-lhe filhos, ou seja, falta-lhe uma companheira confiável, forte como um cavalo. No entanto, na sua vida celibatária habitual, na labuta cotidiana somente entre homens, as coisas talvez se deem de modo demasiadamente rude e áspero, e se busca em vão por um sinal que pudesse ser convidativo para uma mulher. A questão é, portanto: Ele realmente sabe alguma coisa sobre as mulheres e sobre a forma de conquistá-las? Em suma: O cavalo só é possível por intermédio da gata. Por meio do encontro com a gata, uma figura da anima, talvez ele possa ser salvo. O que ele deseja para si na forma do cavalo, ele tem de buscar, a saber, com o auxílio dela, também em seu próprio íntimo. Pelo visto, ele carece de qualidades como sensibilidade, sensualidade, suavidade e ternura, de traços do caráter que o capacitem a se aproximar de uma mulher e de vinculá-la a ele. Para o desenvolvimento de uma vida potente e plena, esse lado psíquico femininamente encantador, a anima, é indispensável. A anima é o apriori dos humores, das disposições, dos impulsos, como descreve C.G. Jung (12), é o elemento vivo em si, que nos faz viver. E a gata é uma imagem simbólica elementar dessa parte anímica feminina vivificante. A anima e o animus têm de se desenvolver em cada psique e encontrar um equilíbrio, quer se trate de uma mulher ou de um homem. E a parte anímica masculina, o animus, somente chega a si mesma, quando também a anima pode fazer parte dela.

No castelinho, existe em abundância tudo o que uma alma masculina murcha pode desejar ardentemente. Na atmosfera clara e amigável, incontáveis gatinhos movem-se agilmente, servem, cuidam e disseminam aconchego ronronante. Também se atenta para o aspecto musical, pois durante a refeição toca uma orquestra de gatos.

João é testado pela gata que, como gata colorida, pode colocar em jogo facetas inteiramente diferentes do feminino. Depois do jantar, ela o convida para dançar. Ela recebe um fora: "Não vou dançar com uma gata-bichana, nunca fiz isso antes" – respondeu ele. Entenda-se: com uma gata-bichana colorida nem pensar. Soa chocante, como se ela lhe tivesse feito um pedido obsceno.

O animal como símbolo nos sonhos, mitos e contos de fadas   171

Como gata experiente, ela sabe o quanto ele é pudico, inocente e inexperiente; ela logo muda o tom. João agora fica devidamente aos cuidados de mulheres. Primeiro, como uma criança pequena: a gatinha o ilumina no quarto, ela o despe e o lava, deita-o na cama e o acaricia. Ele aprecia a dedicação realmente como uma criança pequena, e quando sente o pelo macio, diz: "Isso é bem macio". É como se ele aqui estivesse recuperando muito do que desde sempre sentiu falta em termos de sensualidade e de ternura. Em sete anos ele recebe algo parecido a uma educação erótica.

Contudo, ele também é chamado à responsabilidade. Ele tem de trabalhar. Também Goldmarie tem de realizar serviços importantes para a senhora Holle, que precisará da menina mais tarde em sua vida. João recebe para todos esses trabalhos as valiosas ferramentas. Também isso dá a impressão de ser um sonho. Pode-se realmente martelar com um martelo de prata ou de cobre, serrar madeira com uma serra de prata? No entanto, João cumpre fielmente todas as tarefas; a preciosidade dos materiais remete certamente à preciosidade desse período de aprendizagem e de experiência. E, além disso, prata e cobre são metais relacionados com o princípio feminino. A prata pertence à lua e o cobre a Vênus. Isso indica que, também durante o trabalho, ele se ocupa com os aspectos do elemento feminino. Somente a pedra de amolar – segundo a forma, um símbolo fálico – é de ouro, o metal relacionado com o sol, o princípio masculino real. No final, João constrói para a gata uma casinha de prata e quer, enfim, sua recompensa. A gata lhe dá, porém, não simplesmente um cavalo, mas pergunta-lhe se ele quer ver os cavalos dela, ou seja, sua vitalidade, sua energia erótica. Aí ele quer vê-los. E isso certamente significa também que ele agora, depois do longo período de aprendizagem, finalmente pode "dançar" com ela caso ela lhe abra a "casinha", que ele agora está pronto para ousar a vida erótico-sexual por inteiro, à qual inicialmente resistira de maneira tão infantil. Ela lhe mostra os cavalos mais maravilhosos e lhe promete, caso agora fosse para casa, ir até lá em três dias para levar o cavalo.

Então, ele veste novamente suas velhas roupas, que, entretanto, ficaram muito curtas para ele – agora ele é um homem –, mas ele as veste. Porque não é riqueza exterior o que ele adquiriu. Sua riqueza são as suas experiências de amadurecimento interiores, e estas são o seu segredo, elas não são visíveis exteriormente.

Uma vez em casa, ele é desdenhado, ninguém acredita nele. Maltrapilho, não o deixam nem sequer entrar na casa, e isso embora os outros rapazes tivessem trazido cavalos absolutamente imprestáveis: um é manco, o outro é cego. Mas João, por ora, não tinha um sequer, e isso é certo que todos sabiam!

Mas então aconteceu o milagre: A gata vem como uma princesa magnífica em uma carruagem e salva João de sua vida de bobo. Ela entrega ao moleiro o cavalo mais belo que ele já viu, e João parece radiante nas vestimentas reais.

Com a entrega do cavalo, que pode ser considerado como o epítome da vitalidade reluzente, o moleiro é resgatado de sua letargia. Porque João, o mais jovem dos aprendizes, percorreu substitutivamente para ele a aventura do desenvolvimento psíquico e da continuação do amadurecimento masculino. Ele cumpriu a sua tarefa.

Sua princesa-gata vai com ele na carruagem para o castelo de prata e ouro. Como um casal, ambos, João e sua noiva gata, se afastam vagueando em uma imagem aeroalegórica do casamento celestial. Tudo está bem.

A vida no moinho pode começar agora de maneira inteiramente renovada, nada mais está no caminho. O moleiro talvez busque uma mulher, para isso agora ele teria a coragem suficiente, e o moinho se transforme em um lugar alegre do qual ressoam vozes de crianças.

E se de fato o moleiro não for mais tão jovem, como o vemos agora, ele passou a contar, através do cavalo da gata, com energias muito importantes para o sucesso da fase da velhice.

Nesse conto de fadas, o rapaz mais jovem e mais bobo simboliza a parte não desenvolvida da alma do moleiro, o qual se tornou apático e desanimado. Com o casamento entre anima e animus, corporificado por João e a gata, o moleiro transformou-se, ele está psiquicamente amadurecido e pode dar forma ativamente a sua vida com uma consciência nova, mais envolvente, que do contrário estaria encolhida atrás da estufa.

O envolvimento com a parte da alma do sexo oposto é imprescindível para a pessoa quando ela quer dar forma sensata e abundante a sua vida e a suas relações.

 A serpente

A serpente é um animal terrestre. Com seu corpo esguio, ela desliza, seguindo seu olfato, sobre a terra através de moitas, sobre areia e pedras, para dentro de fendas e cavernas nas quais ela habita. A sensação ao topar com uma serpente livre na natureza é como a de encontrar um extraterrestre. Parados por uma mão misteriosa, ficamos estáticos e assustados olhando fixamente para a criatura incomum, para esse animal completamente diferente sem membros e sem voz, cuja natureza inquietante protegeu a nós e a ela mesma de ser pisada. Uma áspide, um ofídio ou uma víbora? Enquanto que os lagartos deslizam sobre pedras e caminhos de jardins e se caçam como se brincassem de esconde-esconde, e são atraídos até mesmo por um morango maduro, a serpente causa uma impressão estranha e inacessível. Seu olhar causa um bloqueio. Somente quando ela saiu serpeando para outro lado, respira-se tranquilamente de novo.

As serpentes estão entre os répteis e são citadas na *Brehms Tierleben* como sua terceira subordem, logo depois do camaleão. Consta ali: "A mobilidade singular dos ossos da face que possibilita a dilatação extraordinária da boca é a característica mais relevante das serpentes. A forma exterior do seu corpo é compartilhada, como vimos, ainda por muitos

O animal como símbolo nos sonhos, mitos e contos de fadas

outros répteis, e somente quando se abstrai destes, pode-se dar ênfase ao corpo – do qual a cabeça e a cauda pouco se distanciam – longamente estendido, vermiforme, envolvido em uma assim chamada pele firme coberta de escamas" (13).

As aberturas dos ouvidos faltam às serpentes, os olhos localizam-se lateralmente sobre o centro da boca, as narinas estão bem na frente na ponta do focinho.

De um tipo de escamas do corpo das serpentes não se pode propriamente falar, pois sua pele consiste de um todo interligado, a saber, de um couro – recoberto por uma epiderme. Ao longo das áreas dorsais os padrões são escamiformes, frequentemente com formato mais longo do que largo e no lado inferior encontram-se assim chamados escudos, que são partes de pele mais firmes, que também revestem a cabeça da serpente.

Dependendo de onde vivem, as serpentes têm uma pele lisa ou uma coloração esplêndida. Elas se adequam ao entorno – as serpentes do deserto, as serpentes dos rochedos, as serpentes dos campos e das florestas, as serpentes das árvores que habitam os ramos e fazem o seu ninho em um tronco oco ou debaixo de uma estirpe, as serpentes das selvas e as serpentes do mar ou as serpentes acostumadas à água doce lamacenta. Frequentemente, sua pele tem um brilho prateado como de metal polido.

Para equilibrar sua forma corporal bem simples, que da cabeça – desta muitas vezes só ligeiramente delimitada – até a cauda apresenta um esqueleto uniforme, a serpente possui um sistema endócrino diferenciado. Ele é-lhe útil na procura e na ingestão de alimento. E, em algumas espécies de serpentes, encontram-se atrás e abaixo dos olhos glândulas secretoras de veneno especialmente grandes, cuja disposição e formato permitem que seu líquido flua para as presas. A vítima é paralisada ou morta em decorrência da picada.

A maior parte das serpentes peçonhentas perigosas vive na Austrália, onde atacam também jovens animais de espécies gregárias. De animais minúsculos, que medem apenas alguns centímetros, até pítons ou anacondas imensas, de até dez metros, há serpentes de todos os tamanhos, cores e tipos; entre elas novamente algumas com características bem especiais, como chocalhos duros na cauda, com os quais elas fazem ruídos, ou com um desenho de óculos sobre rugas na pele ao lado da cabeça, como é o caso das cobras com as quais os encantadores de serpentes indianos se divertem.

Atualmente, com raras exceções, existem serpentes no mundo todo, nos vales e nas montanhas até uma altitude de 5.000 metros. Exceto a Nova Zelândia, o Havaí, a Irlanda, a Islândia, a Antártida, os Açores e as Bermudas, que são regiões livres de serpentes.

No entanto, a era mais fecunda para os répteis deve ter sido o Paleoceno, entre 65 e 55 milhões de anos atrás. Como comprovado e reconstituído pelos pesquisadores, naquela época teriam existido serpentes de quatorze metros de comprimento, tão grossas que não conseguiriam atravessar por uma porta normal.

Porém, a serpente nunca foi um animal doméstico e tampouco será, exceto no caso dos amantes de terrários.

Sua proximidade do homem é involuntária. Um encontro resulta, antes, do trabalho do homem na floresta, no rochedo ou no campo, nos lugares habitados pelas serpentes. Ocasionalmente, a serpente é atraída para as casas na área rural em que se estabeleceram ratos. Nesse caso, ela se aninha em cantos úmidos, em barracões ou porões, pois os ratos estão entre

O animal como símbolo nos sonhos, mitos e contos de fadas   177

as suas presas. E, desse modo, pelo menos uma parte do susto causado pelas serpentes não deve ser atribuída a sua pretensa maldade, como ocorre na Bíblia, mas ao seu comportamento natural e ingênuo.

Em defesa das serpentes, no entanto, apontemos logo para a sua veneração mítica pelos curandeiros. Asclépio, por exemplo, o filho do deus Apolo e de uma mulher da terra proveniente de Tessália, foi criado por Quíron, o centauro sábio, conhecedor das drogas e educado nas artes da cura. Como médico e protetor de todos os curandeiros, ele leva consigo uma serpente enrolada em um bastão. Visto que essa imagem se manteve até hoje como símbolo para médicos e farmácias, é óbvia a suposição de que, com isso, se aponta também para a força de cura do veneno das serpentes. Porque sempre foram os curandeiros os que detinham o conhecimento sobre o uso e a dosagem das drogas e dos venenos, e que inclusive sabiam transformar os materiais que provocavam a morte em substâncias que operavam milagres. Na pesquisa farmacêutica moderna, os venenos das serpentes têm relevância no âmbito da coagulação sanguínea.

A maioria das serpentes, entretanto, não é venenosa.

Lamentavelmente, apesar disso, as serpentes são importunadas de maneira acrítica. Na área rural da Itália, na localidade afastada de Cocullo, nos Abruzos, onde na primavera ocorre uma festa das serpentes, todas as serpentes são imediatamente mortas a pauladas aos gritos de "vipera!" Nesse caso, o que se mostra é que uma picada de víbora nem sequer tem de ser letal, mas o que mais provavelmente pode ocorrer é que a vítima, por causa do grande preconceito e do susto, sofra uma parada cardíaca e possivelmente morra em decorrência dela.

A serpente na linguagem

"Schlange" [serpente], alto-alemão médio "slange" está no centro do campo lexical de "schlängeln" [serpentear], "schlingen" [engolir], "schlängelnd kriechen" [rastejar serpenteante], "schleichen" [andar de mansinho], "schlenkern" [balançar], "schlingern" [balançar], presumivelmente também "schlank" [magro, esguio]. O termo "slaku", do eslavo antigo, significa "krumm, gekrümmt" [torto, encurvado], do qual deriva o significado germânico comum de "Wurm" [verme].

O que tudo "serpenteia"? Um caminho ou uma vereda "serpenteiam" pelos campos, um riacho, através do prado. Sob a pele clara, veem-se as veias "serpentearem". Anda de forma "serpenteante" alguém que está tonto ou inebriado. E alguém "sai de mansinho serpenteando" quando quer sumir sem ser visto. "Enrolado" é alguém que não se decide.

Antigamente as meninas usavam seus cabelos longos "ondulados como serpentes", que elas colocavam nesse formato com auxílio de rolinhos, e nas cabecinhas das crianças preferia-se "enrolar" os cabelos. As plantas "balançam" debaixo da água. O movimento ondulado ímpar pertence à natureza, assim como os ângulos e as retas exatas, à matéria cristalina inorgânica.

A serpente consegue expandir bastante seu maxilar para engolir a comida, digerindo-a lentamente em seu corpo. Ao contrário dela, as crianças são advertidas a mastigar e engolir devagar: "Não engula desse jeito!"

Quem "tem língua de cobra" mente, ou seja, fala ambiguamente como a língua bifurcada da serpente. Quando alguém fala "com língua pontuda e afiada" ou também "sibila", ele é malvado, rancoroso, ofensivo.

"Traiçoeiro como uma serpente" seria uma pessoa com duas caras, que fala uma coisa e tem outra em mente. E "ser seduzido por uma víbora como ela" diz-se de uma pessoa que mente e engana e só quer obter vantagem própria. Provavelmente, ela proveio de uma "raça de víboras", do ninho de uma descendência vergonhosa.

A locução "alimentar uma cobra no peito" significa que a pessoa se decepcionou profundamente com alguém a quem fez o bem.

De uma pessoa que se assustou violentamente, diz-se que está paralisada como "um coelho diante da serpente". O coelho teme por sua vida, ele não quer ser reconhecido.

Fascinante no comportamento das serpentes é a muda da pele (ecdise). Visto que as serpentes crescem ao longo da vida mesmo depois da maturidade sexual e sua pele não acompanha esse processo, ou seja, não escama como acontece com os mamíferos e os seres humanos, elas têm de mudar de pele regularmente. Ou seja, a serpente esgueira-se para fora de sua pele deixando-a para trás completamente, como um invólucro de serpente vazio. E também isso encontrou sua expressão na linguagem corrente: "Das ist ja zum aus der Haut fahren!" [lit.: Isso é de sair da própria pele!] Quem não gostaria de sair da pele às vezes, quando a raiva se acumula e as pressões se tornam insuportáveis. Aí a pessoa gostaria inclusive de sair de tudo e se tornar inteiramente nova. Depois da muda de pele, a serpente parece novamente bonita e de coloração esplêndida, seus olhos ficam claros.

E a pele da serpente é tão bonita que tem grande importância na moda, no caso de sapatos, cintos e muitos acessórios cobiçados.

A serpente na mitologia

Com a serpente tudo teve início. Na cultura judaico-cristã, a serpente é a figura animalesca mais significativa e mais contraditória, pois – assim diz o mito bíblico – o ser humano deve a ela o pior e ao mesmo tempo o mais precioso: a perda do paraíso, mas com isso também a sua vida. O paraíso significa a existência eterna e transfigurada, a transformação em harmonia irrefletida. A vida terrena, ao contrário, é atividade, ela está ligada a um corpo, o ser humano age, ele sente desejo e dor. E por causa de seu espírito, ele tem a possibilidade de uma configuração da vida consciente. De acordo com a concepção cristã, isso pode servir-lhe de conforto, pois um estilo de vida religioso mantém a porta aberta para o seu retorno ao paraíso.

Segundo o relato bíblico, logo depois da conclusão da criação, quando tudo estava bem e as pessoas andavam no Jardim do Éden, apareceu a cobra, que deve ter se infiltrado, se serpenteado para dentro da criação como um agente provocador ou talvez até mesmo sido concebida por Deus. Ela se comunica com uma língua refinada e chama a atenção de Eva para a maçã na árvore do conhecimento, a única árvore da qual não lhe era permitido comer. Eva deixa-se seduzir pelo sibilo da cobra, morde uma maçã e a repassa para Adão. E essa mordida representou a quebra do tabu, que expulsou as duas primeiras pessoas da sua transfiguração e lhes abriu os olhos. Elas perceberam a sua nudez e que nela eram diferentes. Elas cobrem sua vergonha com folhas de parreira, mas isso de nada adiantou – tampouco que um tenha atribuído a responsabilidade para o outro.

As pessoas tiveram de assumir a culpa original pela desobediência e, a partir daí, viver com a divisão entre o bem e o mal, como expulsos, como afastados de Deus. A própria cobra tampouco se saiu muito melhor; ela ficou para sempre com a fama de má. Ela corporifica até hoje o escuro, o pecado, o diabo; ela provoca susto, nojo e horror, seja onde for que encontre o ser humano. É dessa forma, em todo caso, que a tradição cristã concebe. A cobra tem de ser pisada e morta, a fim de se recuperar a vida eterna. Em diversas imagens cristãs, é possível ver Jesus pisando em uma cobra. E quando o menino ainda era muito pequeno para matar a cobra, a sua mãe Maria o ajuda e, em seu lugar, é ela quem pisa.

No Antigo Testamento, trata-se seguidamente da aliança entre Deus e os homens, uma aliança que Moisés teve de renovar e firmar repetidamente quando o povo eleito, que ele conduziu pelo deserto, ameaçou se afastar de Javé e retornar aos antigos deuses. Essa era uma tentação permanente no caminho do Egito para Canaã, porque a nova legislação religiosa era inusitadamente radical. O povo emigrante de uma cultura politeísta teve de ser reeducado e aprender a adorar somente um único Deus, o Todo-poderoso, Deus Pai invisível.

Temendo Deus que, após a morte de Moisés, o povo pudesse rebelar-se e sucumbir novamente ao culto aos ídolos, ele lhe dirigiu um discurso flamejante: "Escutai, ó céus, que vou falar, e a terra ouça as palavras de minha boca" (Dt 32,1). E então seguem mandamentos como trovões, advertências e ameaças de castigos, que não poderiam ser mais severas. Até o veneno das serpentes irá agourar aqueles que caírem: "A fome os consumirá, serão devorados pela febre e por uma peste mortal; enviarei os dentes das feras e o veneno das serpentes que se arrastam na poeira" (Dt 32,24).

No entanto, a serpente realmente mereceu tanto ultraje?

Em diversas culturas antigas, a serpente era muito venerada, e o seu despertamento do rigor do inverno com a chegada da primavera era celebrado como o início da estação frutífera. No povoado italiano de Cocullo, acima mencionado, situado nas montanhas entre Roma e Pescara, no Ádrio, conservou-se um costume que remonta aos cultos etruscos de 4.000 anos atrás. Ali era venerada a deusa das serpentes Angizia, que encantava as serpentes, tornando-as inofensivas para as pessoas, pelo que ela era invocada por ocasião de uma procissão anual. Esse agir milagroso foi transposto bem mais tarde para os santos cristãos, como, por exemplo, São Domênico de Sora, o qual, em sua época (no final do século XX), teria livrado Cocullo de uma invasão de serpentes. Atualmente, ele é considerado o padroeiro dos pastores e dos camponeses. E quando a sua imagem é carregada pelas ruas de Cocullo toda primeira terça-feira de maio por ocasião da festa das serpentes, ela está rodeada de serpentes vivas. São os seus animais, que devem trazer sorte aos seus favorecidos. E a partir do tipo de movimentos das serpentes, de como elas se ajustam a sua figura, para onde se levantam ou como e onde se escondem nos vincos da sua vestimenta, são feitas previsões do clima e da colheita para o ano vindouro. Como animais de oráculo e talismãs, as serpentes de Cocullo são importantes também para os visitantes individuais da festa. As pessoas se apinham para tocar as serpentes e carregá-las consigo, pois tocá-las traz felicidade e saúde. E há mulheres que esperam daí inclusive fertilidade.

Por trás da festividade estão, aliás, capturadores de serpentes experientes que coletam apenas cobras inofensivas para a festa e mais tarde as soltam novamente.

Em muitos mitos do mundo, as serpentes desempenham um papel altamente ambivalente. Por um lado, elas trazem morte e destruição, por outro lado, elas doam, enquanto animais que mudam de pele, energia de vida e renovação. Com frequência, são relacionadas às divindades maternais, das quais são seguradas nas mãos como sinal de poder. Elas significam também sabedoria e força criadora transcendente.

Em um mito da criação dos pelasgos que trata da deusa Eurínome que se acasala com o vento norte Bóreas na forma de uma serpente, associa-se a imagem da serpente com o ovo universal do qual surgem todas as coisas que existem.

No hinduísmo, o deus Vishnu, o mantenedor do mundo, repousa sobre a cobra universal, que se estende para ele como um travesseiro sedoso. A ele compete a tarefa de combater os demônios e restabelecer a ordem do mundo. Venerados são também os nagas, geralmente seres humanos com várias cabeças com ventre de serpente, que agem em conjunto com os deuses. Entre outras coisas, eles guardam o umbral que dá acesso ao templo, aos tesouros da sabedoria.

Na cosmologia grega antiga, a serpente corporifica o oceano primordial em cujo fluxo tudo está contido, do qual tudo parte e no qual tudo desemboca novamente. Essa imagem da serpente que circunda tudo se chama *ouroboros*. A ouroboros é a serpente que morde a própria cauda e envolve o universo. Desse modo, ela é a imagem primordial da manifestação cíclica, da mudança entre gênese e perecimento, pois a ouroboros se engole e nasce a cada momento de novo.

Na alquimia filosófica da Idade Média europeia, vê-se nessa imagem primitiva da ouroboros a *prima materia*, a matéria primordial da qual se destaca a criação. Frequentemente, a representação está subscrita com as palavras "Tudo em um" ou "O Uno em tudo". A ouroboros significa assim não só a concepção cíclica do fenômeno universal, mas envolve também o seu caráter contraditório. Nela tudo está contido: a vida e a morte, a luz e as trevas, o bem e o mal, a criação e a queda. E com esse potencial ela atua como o princípio arquetípico da transformação. Se na imagem da serpente, que está presa à terra, a criação ainda permanecia no estado de indiferenciação, a transformação tem de provocar diferenciação. O processo alquimista deve filtrar, extrair os diversos materiais e juntá-los novamente de uma maneira nova. O alquimista ocupado com esses processos de transformação está à procura da pedra filosofal. A partir da *prima materia*, ele evidencia a essência da existência, o "ouro". Contudo, isso não significa que o escuro ou o assim chamado mal é eliminado de uma vez por todas, aí não serve todo agir ético nem todo belo discurso. Os princípios opostos claro e escuro, espírito e matéria estão em permanente confrontação um com o outro. Repetidamente, como simboliza a ouroboros, o que está em jogo é a transformação e a purificação.

No sentido terapêutico da psicologia profunda, essa concepção é significativa, pois para o indivíduo em questão o que vale é que também uma situação de vida infeliz, que parece sem saída, transforma-se quando se trabalha nela, quando ela é suportada e esclarecida. Uma configuração da vida mais consciente provoca uma felicidade nova, o ouro pessoal. Pressupostos disso são o autoconhecimento impiedoso e, em um passo seguinte, a integração das partes de sombra pessoais, ou seja, daquelas partes da personalidade que foram reprimidas ou, desconsideradas, encontram-se na sombra. Vida não vivida ou traços do caráter problemáticos têm de ser reconhecidos e conectados à personalidade própria. A psique não é um caso de cirurgia. As partes doentes ou patogênicas não podem ser suprimidas através de uma operação. É preciso aceitá-las e aprender a viver com elas, devorá-las, digeri-las, como a ouroboros faz, e dar à luz o novo. Somente assim a transformação é possível. A serpente ouroboros torna-se, nesse sentido, um símbolo da totalidade psíquica, o Si-mesmo. Na Psicologia Analítica, o conceito de "Si-mesmo" não é empregado como sinônimo de eu, como normalmente ocorre. O Si-mesmo abrange todas as partes da alma, também as que se encontram no inconsciente. O Si-mesmo é tudo o que eu sou e fui, e também o que não sou, mas posso vir a ser.

No caso das mulheres míticas perigosas com cabelos de serpentes, como as erínias, as górgonas ou as greias, as serpentes simbolizam a magia, o encantamento e a morte. Ao olhar mais abominável de todos, à cabeça assustadora rodeada de serpentes da Medusa, ninguém podia resistir. A pessoa imediatamente virava pedra. A Medusa, como a mais nova das três górgonas, teria sido outrora de uma beleza sedutora; ela foi cortejada por Posídon. Quando ela se envolveu em uma brincadeirinha com ele justamente no templo da pura Palas Atena, esta ficou tão furiosa que transformou a Medusa em um monstro. E quando aconteceu que Perseu, o filho dos deuses, deveria procurar e matar a Medusa, Atena estava solícita ao lado dele. Ele armou Perseu com um escudo que brilhava como um espelho, em que ele podia ver a górgona sem ter de olhar diretamente no seu semblante. Desse modo, ele conseguiu cortar a cabeça dela. Visto que, porém, a Medusa estava grávida a partir de sua ligação com Zeus, ao morrer teve seu filho, Pégaso, o cavalo alado. Ele nasceu do ferimento fatal e saiu voando livremente.

As forças das serpentes com semelhante forma pertencem às energias ctônicas e agressivas das trevas.

Uma força hipnotizante é atribuída à serpente também nos mitos do Egito antigo. Ali ela agia na forma do deus

Apep como adversária, que age nas trevas, do rei do sol Rá. Já no caos primordial, a serpente Apep teria vivido e, desde o início, teria corporificado, em um ciclo de ataque e destruição, o outro lado, o lado escuro do deus criador. E quando Rá conduzia o seu barco solar juntamente com seu séquito através da noite, a serpente Apep tentava atacar o barco e encantar e paralisar os seus ocupantes por meio da hipnose. O barco solar, porém, tinha de vencer, caso o próximo dia devesse chegar e o sol nascer no céu novamente. Por isso, o deus do sol Rá tinha uma gata, que o ajudava na luta contra a serpente. Ela matou Apep e a estraçalhou a ponto de seu sangue tingir de vermelho o céu no nascer e no pôr do sol. Mas exatamente como a barca solar alcançava o céu a cada manhã, a serpente Apep ressuscitava de novo e iniciava sua confrontação outra vez.

Para os egípcios antigos, a serpente Apep estava ligada às catástrofes, com tempestades e terremotos. Ela era assim um perigo permanente para a estabilidade cósmica e terrestre; ela tinha de ser combatida ou apaziguada através dos rituais adequados.

Interessante é a imagem da serpente nas culturas pré--colombianas, pois ali se unificam nela as forças divergentes da luz e da treva, do céu e da terra. No deus Quetzalcóatl, um ser híbrido de pássaro e serpente, são simbolizadas a dualidade e a pertença recíproca dos opostos. A serpente estabelece uma ligação com um pássaro e se torna a imagem simbólica da serpente emplumada. Cóatl, a serpente, corporifica o aspecto negativo, no sentido da necessidade terrestre e da vida primitiva. Os que nasceram sob seu signo são considerados também pobres e desabrigados. Mas adornadas com as penas verdes do pássaro quetzal, a imagem da serpente adquire um significado libertador. A serpente emplumada, Quetzalcóatl, sobe e toca o céu. Assim, o terreno e a luz divina convergem para uma unidade religiosa.

A serpente como símbolo e imagem onírica

Como ficou claro já na união dos opostos na imagem do Quetzalcóatl, o símbolo da serpente tem, em geral, o significado de transformação. A serpente significa a renovação, a vitalidade e também a cura. Assim, no cristianismo a imagem da serpente má na árvore do paraíso transformou-se em uma imagem diferente: na da serpente da vida que serpenteia para o alto no tronco da cruz em que Cristo morreu pela vida eterna.

O movimento ascendente da serpente em um símbolo axial significa o despertar da força dinâmica, assim como, por exemplo, também a serpente enrolada no bastão de Esculápio significa a cura.

A forma da serpente e sua postura ereta contêm, além disso, um simbolismo sexual multifacetado. No sonho, a serpente simboliza frequentemente o pênis e exprime a representação do desejo explícita, e, ainda com maior frequência, codificada, ou significa também o susto e o medo.

O nojo de serpentes, expresso principalmente pelas mulheres, acompanhado dos medos do toque por causa da pele presumidamente escorregadia da serpente – um mero preconceito –, fala por si. Quando o motivo de tais manifestações negativas é a repressão dos impulsos sexuais naturais, pode estar em jogo a atitude de abrir-se para uma reanimação intrínseca da sexualidade, tornar-se em geral consciente da sexualidade para poder assumir relações como um adulto maduro.

No âmbito da Psicologia Analítica, a serpente é, como um falo, não só um símbolo sexual, mas tem um significado de nível superior e simboliza as forças anímicas ativas que podem se tornar vivas e eficazes no sentido de uma potência geral. No encontro com uma imagem onírica fálica, o que está em jogo, às vezes, nem sequer é um desejo sexual, mas trata-se de forma abrangente da ativação do fluxo energético.

Na doutrina indiana do Tantra, a união sexual entre homem e mulher é transposta para uma vivência espiritual, quando a ligação vai além da satisfação sexual e vivencia-se o ato de união no sentido da unificação dos princípios opostos divinos. A esse estado atribui-se o mais elevado regozijo.

Na concepção tântrica, como também nas meditações da Ioga, o fluxo de energia no corpo e em seus centros de energia, os chacras, é muito importante. Na imagem da serpente do Kundalini, que repousa enrolada sempre à espera e em repouso na base da coluna vertebral de qualquer pessoa, essa energia está compreendida. Na meditação, ela deve ser despertada, estimulada e conduzida, com força espiritual direcionada, através dos seis diferentes chacras do corpo, até ascender ao ponto mais elevado, que não está mais no próprio corpo, mas como sétimo chacra, chamado de chacra coronário, paira ligeiramente sobre o centro da cabeça. Quando a Kundalini chegou ali, liberam-se para aquele que medita forças cósmico-espirituais. Essa etapa altamente meditativa significa a união com o conhecimento divino.

C.G. Jung estava muito interessado no simbolismo da serpente e, em 1932, em um ensaio, ocupou-se com a Ioga da Kundalini como um método para despertar as forças espirituais. Como se infere de uma troca de correspondência com o físico Wolfgang Pauli, ele inclusive foi estimulado a se ocupar com a serpente através de uma imagem que lhe aparecera em uma imaginação ativa própria. Em uma dessas viagens oníricas no inconsciente, ele se depara, como relata para Pauli, com uma forma feminina com uma serpente como acompanhante de um homem sábio em que reconhecera o Profeta Elias, do Antigo Testamento. Essa imagem confunde Jung, filho de um pastor evangélico, e o levou a reflexões fundamentais sobre a Psicologia Analítica. Quando se parte da ideia de que sua imagem de Deus era de cunho patriarcal e ao feminino atrelava o sopro da suspeição, do corpóreo--sensual e do animalesco que era preciso superar – ambos de modo correspondente à tradição patriarcal da Igreja –, não surpreende que Jung encare com desconfiança a mulher com a serpente que surgiu como acompanhante do homem sábio. Na serpente não se corporifica o escuro, o tentador terreno, assim como na mulher? A imagem da mulher sozinha ainda poderia ser interpretada como um símbolo da anima, da alma. Mas junto com a serpente? O que poderia significar?

A imaginação de Jung continuou a se desenvolver no sentido de que a serpente começou a se enrolar em seu corpo e o apertou a ponto dele suar, até que ela tivesse chegado à região de sua cabeça. Sua cabeça, contudo, havia se transformado, durante o processo, na cabeça de um animal, na cabeça de um leão. Nessa imagem do homem, com cabeça de animal, envolto por uma serpente, Jung reconheceu uma imagem simbólica antiquíssima do mitraísmo que significa a "animalização do espírito", ou inversamente uma "deificação do animalesco". Aí ele pensava reconhecer que é preciso uma união do corporal sensual com o princípio do espírito caso se queira falar do ser humano como uma unidade psicofísica. Para o desenvolvimento de sua doutrina, essas imagens da imaginação ativa foram, para Jung, de valor crucial, e ele discutiu com Pauli, que se ocupava com a física quântica, a questão decisiva de uma penetração recíproca de espírito e matéria.

A serpente, com língua bifurcada, pode falar de modo ambíguo, ela afirma coisas opostas, e por isso ela foi confiada às mãos, por exemplo, também dos pintores do Renascimento da dialética quando as diversas ciências foram enumeradas e representadas como alegorias. A serpente da mulher na imaginação de Jung pode, por isso, representar também uma imagem do discurso dialético, da conversação argumentativa, em que um tema é iluminado a partir de suas posições opostas e se esforça para conseguir a exposição dos opostos, para, finalmente, provocar sua anulação, ou seja, encontrar uma síntese.

A imagem da serpente estimulou, em C.G. Jung, a concepção de uma reversibilidade dos valores, o que modificou decisivamente a imagem contemporânea da mulher: A mulher pode fortalecer-se, foi-lhe atribuído espírito, pois não é exclusivamente a sedutora lasciva nem a alminha ajustada que trata do governo da casa para o homem e o inspira através da sua beleza. Com a serpente, a mulher alcançou tanto o direito ao próprio desejo como o reconhecimento do seu espírito. O ganho para o homem consiste essencialmente em que a serpente lhe explica que também dele, do ser com ênfase no espírito, faz parte obrigatoriamente o "de baixo", o corporal. Ambos os princípios residem tanto no homem como na mulher. Nessa certeza, transforma-se inclusive a imagem de Deus em uma bipolaridade.

Com o conhecido credo alquimista "o que está em cima é como o que está embaixo", aponta-se, em vista dessa imagem, também para a equivalência das regiões do corpo humano: embaixo e em cima. As partes impulsivas de baixo que pertencem ao arcabouço corporal penetram os esforços espirituais de cima e vice-versa. Como um todo elas são reversíveis.

Com essa igualdade dos princípios masculino e feminino, espiritual e terreno, realça-se, entre outras, também a tendência de reabilitar o corpo, tão imperdoavelmente desconsiderado pela Igreja, como a sede da natureza impulsiva do ser humano. Há muito tempo essa questão está sujeita a uma dissociação nefasta, durante tempo demais o corpo foi renegado. Quando, porém, embaixo também é em cima, a capacidade de vivência sexual, sensual desempenha um papel importante no desenvolvimento espiritual. E, inversamente, o desenvolvimento espiritual é relevante para lidar com a sensualidade e a sexualidade.

Se aqui se pode apontar, só em uma alusão inadmissivelmente concisa, para uma questão importante da formação teórica da psicologia profunda, fica evidente, inclusive levando em consideração as concepções de validade universal daquela época, a forma como, após períodos de opressão e repressão, teve de se estabelecer novamente no nosso universo cultural uma compreensão da sexualidade em geral e, sobretudo, uma compreensão da sexualidade feminina.

No sonho a serpente aparece muitas vezes como um símbolo do impulso e da força criadora. Com a sua capacidade de renovação através da muda de pele e também na sua postura ereta, ela é a corporificação da energia de vida vibrante. E quando ela serpenteia como a serpente de Kundalini em direção ascendente através do corpo humano, aponta para a animação, bem como para uma espiritualização crescente dos processos de vida.

É por isso que, nos contos de fadas, as serpentes frequentemente trazem sobre a cabeça uma coroa.

A serpente na saga: A menina serpente (14)

A saga *A menina serpente* trata de um ser intermediário mágico, que permanece perdido no interior de uma caverna. Somente um jovem com intenções sérias para com ela e disposto a acolher sua imagem anímica pode – como no caso das sereias e das ninfas – conquistar a menina serpente e o tesouro guardado por ela. Mas, como muitos outros heróis dos contos de fadas, Leonardo recua diante da inquietação serpenteante, como se temesse a própria masculinidade madura. A menina serpente quer ser beijada três vezes. O terceiro e último beijo poderia ter vencido a rejeição à entrega recíproca. No entanto, Leonardo fracassa.

A menina serpente

Era uma vez, por volta do ano de 1520, na Basileia, Suíça, alguém de nome Leonardo, chamado vulgarmente de Lienimann; era filho de um alfaiate, uma pessoa aparvalhada e simplória, que, além disso, tinha dificuldade de falar, pois gaguejava. Ele entrou na abóbada de uma caverna ou de uma passagem subterrânea que se estendia em direção a Augst passando pela Basileia, e penetrou nela muito mais longe do que jamais fora possível para um ser humano, e sabia contar feitos e histórias fantásticas. Pois ainda hoje há pessoas que o ouviram contar que ele teria tomado e aceso uma vela consagrada e entrado na caverna. Ali, primeiro, ele teria passado por um portão de ferro e, em seguida, ido de uma abóbada para a outra, e, por fim, atravessado por alguns jardins verdes muito belos e alegres. No centro, porém, havia um castelo ou palácio magnífico e bem-construído, em que estava uma menina muito linda com corpo humano até o umbigo, a qual trazia na cabeça uma coroa de ouro, e seus cabelos estavam soltos; do umbigo para baixo, porém,

*ela era uma serpente abominável. Essa menina o teria se-
gurado pela mão e levado até um caixote de ferro, sobre o
qual estavam dois cães pretos que latiam para que ninguém
se aproximasse do caixote; ela, contudo, acalmou os cães e
os manteve sob controle para que ele pudesse ir até lá sem
qualquer empecilho. Em seguida, teria tirado um molho de
chaves que trazia no pescoço, aberto o caixote e tirado dele
algumas moedas de prata, entre outras. Com elas a menina
então o presenteou tão somente por especial bondade, as
quais ele trouxe consigo da caverna, bem como as mostrou
e permitiu que as pessoas as vissem. Inclusive a menina lhe
teria dito que nascera de clã e de família real, mas fora rejeitada, amaldiçoada e transformada em um monstro e nada
poderia salvá-la, a não ser que fosse beijada três vezes por
um jovem casto e puro; neste caso, ela obteria novamente
sua forma anterior. Ao seu salvador, ela iria dar e entregar
em troca todo o tesouro que estaria escondido no lugar. Ele
contou ainda que já havia beijado a menina duas vezes, e
que em ambos os casos, diante da grande alegria da salvação inesperada, ela fez gestos tão abomináveis que ele ficou
com medo e só conseguia imaginar que ela o dilaceraria
vivo; por isso, ele não se atrevera a beijá-la pela terceira vez,
mas partira. Posteriormente, aconteceu que alguns homens
o levaram para um prostíbulo, onde ele pecou com uma mulher leviana. Portanto, manchado pelo vício ele nunca mais
conseguiu encontrar a entrada que conduzia à abóbada da
caverna; o que ele frequentemente lamentava aos prantos.*

Tentativa de interpretação

Essa singela parábola é a história de um bobo, que fracassa com seu destino porque se deixa cegar pelo dinheiro

e passa desatento ao largo dos valores verdadeiros. Talvez, porém, ele seja tão pobre de espírito que nem sequer consiga alcançar uma vida "melhor". E talvez ele simplesmente sonhe com a felicidade ao se precipitar para o interior da caverna como se caísse em um sono profundo.

O que aconteceu? Leonardo é de procedência humilde, filho de um alfaiate, "uma pessoa aparvalhada e simplória". O cognome, Lienimann, tem um tom intencional de zombaria, como a denotar um bobinho, embora Leonardo já seja um homem. Aparentemente ele até agora não tirou nenhuma consequência disso.

Um dia, porém, ele entra em uma caverna com longas passagens, em um mundo mágico que tem à disposição a riqueza e a realização de todos os seus desejos. Nessa imagem de regressão – a caverna pode ser vista como regaço materno – ele busca satisfação e mimo. Uma vela, uma luz de cera, ilumina o seu caminho através desse terreno do inconsciente. E quando ele consegue passar por um portão de ferro, deixa bem pra trás o dia a dia e anda através de "jardins verdes muito belos e alegres". Esse lugar devia ser bom. No entanto, não o suficiente. Em seu centro, eleva-se um castelo magnífico. A dona do castelo, que logo o encontra, é uma menina serpente. Ela é bela, traz "sobre sua cabeça uma coroa de ouro", abaixo do umbigo, porém, "é uma serpente abominável". Metade humana, metade animal, ela está entre aqueles seres híbridos ou intermediários que aparecem nos mitos e nos contos de fadas quando se aponta para a ligação do ser humano com o mundo divino. Os nagas indianos são tais seres intermediários que auxiliam os deuses a guardar tesouros, e ainda assim são também seres tidos como generosos.

Será que, no entanto, não transparece também outro aspecto do ser intermediário? Talvez a menina serpente seja também um ser humano ainda inacabado, indefinido. Figuras dos contos de fadas frequentemente apresentam traços animalescos ou uma pele de animal que tiram ou despem somente sob determinadas condições. Um sapo, por exemplo, pode se transformar e ir ao baile do rei como a mais bela das mulheres, mas depois de algum tempo ela tem de se cobrir novamente com a pele de animal. Às vezes, trata-se de uma proteção. Porém, no final, essas mulheres dos contos de fadas, com características de ninfas, têm de ser libertadas para a sua feminilidade madura. E isso é algo que se pode confiar a um Lienimann?

Como animais divinos, serpentes corporificam felicidade, energia vital e saúde. A coroa de ouro da mulher serpente aponta claramente para um valor espiritual especial. Talvez se entreveja aqui a ideia de uma anima, daquela força espiritual-feminina, que o tolo Leonardo teria de desenvolver na própria psique, a fim de encarar a sua vida com sentidos mais refinados e mais tato. Em todo caso, a menina serpente simboliza com sua coroa de ouro o mais elevado que um homem pode desejar para passar pela vida feliz. Ele poderia conquistar uma mulher e através dela ser libertado: sua coroa é de ouro, ao passo que no baú há no máximo moedas de prata.

A menina serpente é bondosa, ela pega Leonardo pela mão, acalma os cães e em seguida retira as moedas da caixa de ferro, presenteando-o "tão somente por especial bondade". Ela identificou sua situação e, possivelmente com esse gesto maternal e assistencial que pode melhorar unicamente sua necessidade material, abre mão da esperança de poder fazer mais por ele, e com isso dissipa-se também a sua esperança na sua própria libertação. Pode ser que ela, em seu castelo subterrâneo, espera há muito por um homem que a traga à luz e a faça uma mulher de verdade. As moedas são a única coisa que ela pode dar ao bobo Leonardo. Ela as presenteia por compaixão. Leonardo não move um dedo. Ele só fica admirado e se deixa presentear. Ele não é o homem que reconhece a sua oportunidade, e muito menos percebe o que ele poderia significar para a menina serpente. Antes, ele se gaba e desperdiça seu dinheiro. Ele é visto sentado na taberna, gabando-se com suas moedas, e, como consta no início do conto, contando "feitos e histórias fantásticas". Por fim, ele ainda é "manchado pelo vício".

Ele estragou tudo. Aquilo que um dia brilhou nele como uma possibilidade preciosa de mudança desfez-se em suas mãos por descuido e bobeira. Por mais que procurasse, nunca mais conseguiu reencontrar a entrada para a caverna da menina serpente.

E qual é a moral da historia? Quem não é vigilante e considera apenas superficialmente os encontros, quem só toma e, nisso, lança mão apenas dos valores errados, continuará pobre. Pobre e bobo.

O jumento

Quando se pensa em um jumento, o que frequentemente vem à mente é primeiro um animal com uma pesada carga. Pequeno e paciente, ele está sob sua carga, entregue a sua tarefa, ele olha impassível para frente, e só no movimento de suas longas orelhas se percebe que ele está vivo. Deseja-se conhecê-lo bem e acariciá-lo. Na época de Natal, ele carrega sacos cheios de doces, que o Papai Noel distribui entre as crianças. Servo Ruperto o conduz pela corda.

E, antigamente, por ocasião das férias na Itália, sempre se encontrava um jumento, carregado de laranjas e limões, pendurados em cestos enormes, ao seu lado direito e ao seu lado esquerdo. E, às vezes, o comerciante ainda vinha sentado lá em cima. O burro usava um chapéu de palha, para que estivesse protegido pelo menos do sol. No chapéu, recortavam-se buracos para as suas orelhas. E, muitas vezes, nele ainda pendia o resto de uma flor de papel. Carregado ou puxando uma carroça, sempre se vê o burro auxiliando. Somente no estábulo de Belém, ao lado do boi, ele pôde descansar e ser inteiramente ele mesmo. Com o sopro quente de suas narinas, o boi e o jumento juntos aquecem o Menino Jesus.

O jumento, também chamado de jumento doméstico, descende do jumento selvagem africano, que foi domesticado ainda antes do cavalo há milhares de anos no Egito e serviu como carregador de carga. Ele pertence à família dos equídeos, do gênero dos cavalos, porém, de tamanho menor. Sua cabeça, comparada ao seu corpo, parece grande e pesada, no que contribui tanto a postura inclinada do pescoço como a continuação reta das costas e as orelhas longas, erguidas. No lugar do pelo ondeado do cavalo, ele tem uma crina eriçada, e a cauda desemboca em um tufo. Seu pelo tem coloração cinzenta, preta, também marrom ou marrom-clara, como condiz com sua região de origem constituída de estepes áridas e áreas de arbustos. Frequentemente, sobre a sua espinha dorsal se estende uma listra marcada que vai até a sua garupa. O fato de que seus cascos são resistentes a terrenos pedregosos e irregulares e de que não tem medo de altura, no que se distingue do cavalo, faz dele o animal de carga e de sela mais adequado para as montanhas e os desfiladeiros intransitáveis. Essa característica teve, desde sempre, grande importância para as pessoas que lidavam com o comércio ou contrabandeavam mercadorias e, para isso, tinham de buscar rotas secretas. Os monges utilizavam o jumento para as suas árduas peregrinações e até a época do surgimento do turismo no início do século XIX, quando damas e senhores com espírito de aventura partiam da sociedade europeia emergente para explorar as montanhas ou encontrar ar fresco e cura em águas termais situadas em locais elevados, os jumentos eram, como animais de sela, seus auxiliares indispensáveis.

A grande capacidade de carga do dorso do jumento é notória, e a aparência de um jumento, sobre o qual está sentado um cavaleiro cujos pés se arrastam pelo chão à direita e à esquerda do animal, desemboca frequentemente na pergunta de como é que o jumento, que troteia ao longo da vereda, imperturbável e impassível, sob esse peso enorme, dá conta de fazer isso repetidamente.

O jumento não é rápido; ele avança com passos curtos. Seu corpo atarracado não permite que corra. Por isso, o jumento tampouco é um animal que foge como o cavalo; ao contrário, quando submetido a estresse e perigo, reage parando ou até mesmo empacando. De nada adianta bater e gritar. Isso explica por que o jumento é considerado teimoso. Nesse caso, aquilo que é exposto como teimosia ou desobediência é apenas uma das suas possíveis reações naturais. Livre na natureza, quando um jumento trata de expulsar os rivais, ele pode reagir de modo bastante agressivo e até partir para o ataque.

Faz parte do valor de uso do jumento, junto com a capacidade de carga, também seu comedimento. Como um animal que aproveita bem o alimento, ele se satisfaz com pouco. Ele pode suportar muito tempo sem água ou comida. Quando vive livre, nas regiões áridas fica até seis horas à procura de comida.

Ele repassa essas qualidades positivas de animal de criação também no cruzamento com o cavalo: para a mula ou o burro. O termo "mula" – etimologicamente do lat. *mulus*, misturado – designa o cruzamento entre a égua e o jumento. A mula é um pouco maior, mais delicada, mais maneável e mais rápida nos movimentos do que o jumento. Como animal de carga e de sela, uma mula é utilizada nas expedições que atravessam regiões selvagens e inclusive nas operações militares. Ela é mais fácil de criar do que um bardoto, o cruzamento entre a jumenta e o cavalo, e é criado com mais frequência, uma vez que o bardoto tem preferencialmente as características hereditárias de um jumento. Ambos, mula e bardoto, não têm capacidade reprodutiva.

Quando se faz referência aos jumentos, muitos pensam em clima quente e países mediterrâneos: veem-se jumentos em pé e esperando ao lado da casa dos camponeses dos países do sul da Europa, às vezes consegue-se ver apenas suas pernas finas debaixo da imensa carga ou então se observam os animais resignados trotando por caminhos poeirentos ou em pé em uma pastagem. Os jumentos sempre transmitem paciência e sossego. Inclusive quando estão reunidos em rebanhos, não se movem rapidamente, nem correm em disparada sobre uma pastagem, como os cavalos. Contudo, eles não gostam de ficar sozinhos; são eminentemente animais gregários e possuem um grande repertório de comportamentos sociais. Ao longo das tardes sossegadas e das noites de verão, ouvem-se seus zurros queixosos como roucos gritos de amor.

O jumento na linguagem e na literatura

Conceitos como "comedido como um jumento" ou "teimoso como um jumento" podem ser atribuídos às capacidades e às características anteriormente descritas do jumento. É absolutamente injustificada a convicção de que os jumentos seriam bobos, que se manifesta em ofensas como "jumento bobo" ou "burro". Essas expressões referem-se a uma pessoa de compreensão mais lenta, que é imóvel e teimosa. Assim, designa-se de um "jumento velho", em tom de zombaria, um homem velho, que já se tornou algo senil e simplório. E quando um jovem é chamado de "jumento" ou "burro", é porque a sua lentidão de compreensão causa incômodo. Referidos ao jumento, porém, esses ditos só podem ser considerados preconceituosos. O jumento não é bobo nem burro; ele suporta sua sina juntamente com seu fardo de modo paciente e calmo.

Diz-se que o sossego do jumento é estoico e com isso se estabelece uma relação com o estoicismo, a doutrina filosófica de Zenão de Cítio, orientada para o autocontrole e a calma e convicta de que o ser humano que encontrou e aceitou seu lugar na ordem universal aspira à sabedoria. Essa postura de aceitar a própria sorte provoca possivelmente, naquele que não a tem, sentimentos inconscientes de culpa ou de inveja.

Os jumentos são designados também de eruditos e sábios, e aí se aplica também o conceito de "orelhas-de-burro".

Orelhas de burro em um livro surgem com o folhear desatento das páginas. Às vezes, trata-se de uma marcação, de cantos intencionais dobrados de páginas interessantes às quais se pretende retornar. É bem possível que isso lembre que os jumentos com suas longas orelhas talvez captem mensagens bem especiais que ficam ocultas aos demais.

Na linguagem e na literatura, remete-se também para a libido do jumento, como, por exemplo, na peça teatral *Sonho de uma noite de verão*, de Shakespeare, uma peça sobre o amor e a confusão amorosa. Nela uma pessoa, na qual é posta uma cabeça de jumento, desempenha um papel importante. Trata-se do artesão Fundilhos, que, em homenagem ao casal matrimonial Teseu e Hipólita, quer ensaiar e representar uma peça com seus colegas amadores. Inserida no contexto palaciano, trata-se de uma comédia, uma representação burlesca, ingênua da história de Píramo e Tisbe. Os artesãos encontram-se para o ensaio na floresta onírica das confusões justamente no momento em que Oberon, rei dos elfos, pretendia pregar uma peça em sua esposa Titânia, a rainha dos elfos, com quem havia se desentendido. Ele encarregou seu servo Puck de buscar uma flor, cujo néctar, ao ser pingado nos olhos dos que dormem, provoca o encantamento amoroso. Aquele que Titânia, ao acordar, visse por primeiro deveria tornar-se o alvo de sua paixão. Acontece que Titânia acorda e vê diante dela Fundilhos, no qual Puck colocou magicamente uma cabeça de jumento. A rainha dos elfos apaixona-se imediatamente pelo jumento e se joga languidamente no peito do parceiro diferente.

As gargalhadas diminuíram apenas quando Oberon tratou de libertar Titânia do encantamento amoroso e Fundilhos da cabeça de jumento. O ingênuo Fundilhos livra-se novamente do jumento, podendo dedicar-se agora ao problema da peça teatral planejada com seus colegas artesãos. Ele leva isso a sério. O fato de que teve de servir com a cabeça de jumento de motivo para as gargalhadas dos soberanos combina muito bem com diversas coisas que um jumento tem de suportar paciente e bondosamente...

Também o aspecto do jumento filosófico e sábio encontrou sua expressão na literatura mundial. No romance *O asno de ouro*, de Apuleio de Madaura, também conhecido como as *Metamorfoses*, considerado o precursor antigo do romance picaresco, o herói Lúcio vivencia a sua transformação em um jumento. Com isso, ele se envolve em todo tipo de aventuras e aprende a conhecer pessoas de diferentes camadas sociais no seu jeito natural, pois diante de um animal elas não precisam fingir, mas podem comportar-se de maneira livre e direta. Com suas longas orelhas de jumento, Lúcio percebe sensivelmente inclusive o que está distante. Ele ouve acuradamente e conhece profundamente os abismos da existência humana.

O jumento na mitologia e nos contos de fadas

Na mitologia o jumento não conseguiu ir muito longe. Ele nunca se tornou um animal divino famoso; isso ele teve de deixar para o seu irmão mais nobre, o cavalo. Ou será que se

O animal como símbolo nos sonhos, mitos e contos de fadas   203

consegue imaginar um jumento alado como Pégaso? Em todo o caso, Maria fugiu com o Menino Jesus para o Egito montada em um jumento e, mais tarde, Jesus entrou em Jerusalém montado em uma jumenta. Nessa época e nesses países, locomover-se montado em um jumento era, entretanto, uma prática comum.

Como uma imagem oposta à de Jesus sobre o jumento pode-se pensar na do Dioniso antigo, o deus do vinho e da devassidão sensual, que no cortejo das bacantes está montado em um jumento ou em um bode para participar dos cultos extáticos da primavera e da fertilidade. Dele o jumento participa como um animal libidinoso. De modo correspondente, a aparição do jumento no sonho apela para conflitos no nível dos instintos. O que pode estar em jogo é dar mais espaço para as tendências dionisíacas, dar mais a partir de si, abrir-se inclusive uma vez para uma vivência extática.

Uma vez que a libido sexual, contudo, pode repercutir tanto fecundando como destruindo, o jumento repetidamente tem um papel ambivalente. Na mitologia egípcia ele corporifica preferencialmente o aspecto destrutivo e rude na forma do deus Seth; e nos hieróglifos coloca-se junto ao seu nome uma faca, para desfazer a magia negra. Por outro lado, ele é venerado, na mitologia iraniana, por causa de sua força fecundante. A essa força se refere também C.G. Jung, no seu livro *Símbolos da transformação*, quando relata a respeito de um jumento mítico de três pernas. Este está em pé no Vourukasha, o lago celestial da chuva, e seu potente jato de urina purifica a água. Seu zurro fecunda todos os animais úteis e faz abortar os daninhos. Pelo visto, no caso desse monstro--jumento, trata-se de um corpo humano que está em pé, ereto, com uma cabeça de jumento; trata-se de uma figura divina mítica que, através do potente falo que dá a impressão de uma terceira perna, fornece o líquido que purifica e fecunda.

Na Idade Média a concepção da estupidez do jumento é aplicada aos infiéis: aos judeus que não querem reconhecer a Cristo, e ao infiel Tomé, que duvidou da ressurreição de Cristo. Eles são difamados de jumentos, de pessoas muito estúpidas para aceitar a crença certa.

Em diversos contos de fadas, a discrição do comedido animal cinzento torna-se importante. A forma de como o jumento se oferece para a transformação quando é preciso salvar a própria pele. Meter-se no corpo de um jumento ou cobrir-se com sua pele significa tanto quanto desfazer-se na cinzenta monotonia, ser discreto. Isso se torna necessário, por exemplo, no conto de fadas *Pele de asno*, de Charles Perrault, quando a princesa precisa fugir do desejo pecaminoso do seu pai. Na coletânea dos contos de fadas dos Irmãos Grimm, encontramos esse tema sob o título *Todos-os-tipos-de-pele*. Também aqui o rei infeliz acredita que, após a morte da sua esposa, pode encontrar conforto unicamente junto a sua filha que desabrochou tornando-se uma bela menina, e procura-a de maneira indecente. Envolta em um casaco remendado, feito de todos os tipos de pele, e escondida no oco de uma árvore, ela se protege da paixão incestuosa e da violência sexual do pai.

Princesas como ela se atrevem a tirar sua "pele de jumento" e a mostrar seu verdadeiro aspecto somente em determinados momentos e em locais que parecem seguros. Elas persistem em sua latência, até que acabe a cegueira do pai e se torne possível uma relação com ele em um nível psíquico mais maduro. Só então elas têm a permissão de se tornarem rainhas com um parceiro de sua escolha.

O conto de fadas *Os músicos de Bremen* conta a história de quatro animais que queriam se tornar músicos em Bremen a fim de sobreviver. O jumento, o cão, a gata e o galo são animais domésticos que ficaram velhos e supérfluos. Enxotados por seus donos, encontram-se por acaso, unem-se e refletem sobre o que fazer da vida. O jumento tem a brilhante ideia de irem para Bremen e lá se tornarem músicos. Em Bremen tudo seria melhor. De fato, havia lá nessa época um grupo de músicos que tocava em casamentos ou acompanhava eventos políticos. Um desses músicos cuidava da segurança como vigilante na torre da igreja, alertando para o perigo com sons de corneta. Tais músicos eles queriam ser.

Os animais do conto de fadas não conseguem chegar a Bremen e jamais se tornam músicos, mas pelo caminho conquistam, com truques e gritaria, um covil de ladrões que lhes serve de alojamento. Com coragem e esperteza enganam o mal e juntos iniciam uma vida nova.

O papel mais importante dessa trama cabe ao jumento. Além da sua paz interior e da serenidade com que aceita as circunstâncias reais como dadas, ele prova coragem e espírito empreendedor, ainda que com um fundo de resignação: "Algo melhor do que a morte tu encontras por toda a parte". O conto de fadas tem um fundo de crítica social. Muitos subordinados e trabalhadores recebem o mesmo tratamento destinado aos animais: depois de muitos anos de trabalho duro para o seu patrão, são postos na rua já idosos. Mas das palavras do jumento vem a certeza de que, a partir de cada situação aparentemente sem esperança, pode ser obtida também a força para um novo início. O jumento é sábio.

O jumento como símbolo no sonho

Embora já tenha passado muito tempo, lembro-me nitidamente do seguinte sonho a respeito de um jumento, que remonta à fase inicial da minha atividade de psicoterapeuta analítica. Talvez, por ser tão expressivo, ele tenha me acompanhado ao longo de todos esses anos e, por fim, me inspirado a escrever este livro. Ele me ocupou ainda mais porque a mulher que o sonhara dificilmente queria admiti-lo e, em hipótese alguma, aceitava qualquer tipo de interpretação. "Disparate", disse ela. O sonho:

> Acabei de chegar ao meu apartamento. Ao abrir a porta, algo me cutuca por trás, impelindo-me de entrar. Fico terrivelmente assustada. Quando finalmente ouso me virar, está em pé atrás de mim um jumento. Ele entra junto no apartamento, não se deixa deter, mas é pacífico. No apartamento troteia atrás de mim por toda a parte, de aposento em aposento. Às vezes, ele bafeja em mim com suas narinas. Quando tento novamente rebocá-lo para fora, ele resiste teimosamente. Não me resta outra coisa a não ser deixá-lo em paz e ocupar-me com meu trabalho.

> De repente, escuto na sala um barulho. Corro para lá e descubro que o jumento se alivia no meio da sala. Tudo está inundado. Oh não, o tapete, penso em primeiro lugar; mas então vejo que pênis enorme que ele tem.

A mulher contou o sonho com certa indignação, com um fundo de irritação, como se alguém lhe tivesse feito algo. Em seguida, ela não se manifestou mais a respeito dele e, em hipótese alguma, queria voltar a falar do sonho. Não estava claro se o sonho era-lhe desagradável, se ela envergonhou-se da alusão sexual e erótica nele contida, se ela entendeu em geral algo do conteúdo que estava tão nitidamente ao alcance da mão. De qualquer forma, ela o havia contado e agora se esquivava tratando de acontecimentos atuais. Ela começou a contar a respeito do seu filho. Uma vez que eu sabia quão devota tinha sido a sua casa paterna e quão desagradável deveria ser para ela o conteúdo do sonho, caso entendesse o seu significado só aproximadamente, eu teria de ser muito cautelosa e a deixei em paz quanto a esse assunto. Um desvio era necessário. Afinal, ela tinha vindo para a terapia também por causa do seu filho, um aluno da segunda série que foi descrito pela professora como tímido, extremamente medroso e inseguro. A professora havia acusado a mãe de apegar-se de maneira muito intensa ao seu filho; ela deveria soltá-lo, do contrário o jovem não conseguiria encontrar seu lugar na comunidade das crianças.

Isso a minha cliente considerou um atrevimento, pois ela sempre fez tudo para o seu filho e sempre quis o melhor para ele, como ela enfatizou, e agora se transforma isso em uma acusação contra ela. Ela teria se preocupado com bastante zelo já na creche e se mantido à disposição. Ela não admitia que isso pudesse ter um efeito superprotetor sobre seu filho, bloqueando-o.

Seu marido deixou-se devorar pelo trabalho. No convívio introduziu-se a rotina; na esfera afetiva, a vida sexual estava adormecida. Ela estava muito sozinha. Seus sentimentos, seu erotismo e sua sexualidade, sua vida como mulher – tudo isso se tornou improdutivo. Há anos, ela era para seu marido e para seu filho apenas uma mãe e uma dona de casa preocupada, algo parecido com um jumento de carga.

Sim, é desse jeito que ela entendia a imagem do jumento por certo, ela ponderou. O jumento como um insignificante animal de carga, isso lhe diz algo. Um autêntico jumento seria ela, ao carregar diariamente as compras para casa.

Outros significados do jumento puderam ser introduzidos na conversa só gradualmente, enquanto juntas decodificávamos o jumento como figura simbólica. Nesse sentido, a discussão séria sobre o aspecto dionisíaco do jumento e sobre o sentido da festa das bacantes ajudou a expor uma compensação com um cotidiano cheio de esforço e obrigações. Esse aspecto ela achou interessante, sem que conseguisse inicialmente relacioná-lo consigo mesma e com o seu sonho. Crescentemente, porém, sem que pudesse admitir abertamente, tomou consciência da grande carência em que vivia e que se expressou no símbolo onírico do jumento que, de modo tão desinibido, aliviara-se no seu apartamento.

Depois que a preocupação com seu filho havia arrefecido um pouco, foi possível para a mulher dedicar-se também a outra faceta do jumento. Enquanto repassava novamente as sequências do sonho individuais, atreveu-se a perceber também a qualidade sensual delas: as narinas do jumento, que bafejavam suavemente e a empurraram de modo convidativo, bem como o penetrar na casa e a urgência de uma necessidade "típica do jumento".

Ocasionalmente, ela esboçou planos para reconquistar o seu marido, e quanto mais ela permitia tais ideias, tanto mais nítida era a transformação da imagem do jumento dos seus sonhos em um possível parceiro humano. Em um sonho seguinte, o jumento, que caíra na terapia como um meteoro, primeiramente como uma imagem primordial da sua necessidade impulsiva, assumiu forma humana. Agora se trata de um comerciante que, semelhante ao jumento, chega a sua porta para lhe vender uma faca. Bem-humorada, ela contou esse sonho e disse sorrindo: "Mas eu nem preciso de uma faca". No próximo sonho, o vendedor de facas se transformou em um outro homem que igualmente parecia aventureiro e tinha cabelos pretos. Depois que apareceram nas suas imagens oníricas dois diferentes homens-seres humanos como possíveis representantes do jumento, foi possível falarmos de forma mais aberta sobre as suas necessidades: ela ousou situar nela mesma o desejo "animalesco", e começou a se perguntar seriamente pelo sentido do seu casamento. No entanto, só depois de um período de luto e raiva acerca da sua casa paterna, que era extremamente hostil ao prazer, foi possível para ela assumir seus impulsos femininos naturais.

O que aqui pode ser reproduzido apenas de forma condensada custou muitas horas de terapia. Pois embora a imagem do jumento tivesse falado de modo tão nítido por si mesmo e para a mulher, o sentido dessa mensagem somente pôde ser aceito depois de uma preparação profunda. Obstinada, ela recusou durante muito tempo uma interpretação do conteúdo, tamanha era a vergonha dos seus desejos sexuais absolutamente normais.

Esse exemplo fornece para mim uma vez mais a prova de que, em geral, não se conseguem resolver distúrbios psíquicos com o "entendimento humano sadio". No caso dessa cliente, de que teria adiantado dizer-lhe francamente o fato notório: "A senhora precisa de um homem dedicado, de um verdadeiro parceiro!"?

O pássaro

Pássaros se sentem em casa em seu elemento, em que nós conseguimos sair voando apenas por força de nossos pensamentos. Inclusive o cuidado da ninhada é levado a cabo em lugares mais elevados, em árvores e arbustos, escondidos em meio a grossas ramificações. Na primavera, eles estão presentes com seu lindo canto, com o diligente gorjear, estridular, cantarolar e trinar, com seu chilrear e chamar, ramalhar e pipilar, voar e esvoaçar. Os pais dos passarinhos nunca se cansam de trazer insetos para a sua ninhada. Seu ruído nunca perturba, ele faz parte do campo como o verde dos prados.

Bando de pássaros, revoada de pássaros, aves de arribação – frequentemente, trata-se de muitos pássaros de uma vez. Um pássaro isolado é algo raro na natureza. Algumas espécies de pássaros formam pares no sentido de uma monogamia social, ou seja, de que eles se preocupam conjuntamente com o cuidado da ninhada, no que a fêmea, em seguida, à procura do melhor material genético possível para a transmissão geracional, logo acolhe um novo parceiro sexual. Inclusive as cegonhas, que, na nossa perspectiva, vivem nos ninhos elevados tão nitidamente visíveis como um casal de cegonhas, contraem apenas um "matrimônio sazonal". Poucos são os pássaros – como, por exemplo, os gansos-bravos pesquisados por Konrad Lorenz – que costumam ter uma parceria durante toda a vida.

Um pássaro isolado geralmente é uma ave de criação, que teve de abrir mão da sua liberdade em prol da sociedade dos seres humanos e se tornou um animal doméstico do homem – não é um animal de utilidade, mas um animal para a sua alegria.

Pássaros, como o grande papagaio, o periquito ou a mainá-da-montanha, um corvídeo, ou também um passarinho cantador como o canário, acostumam-se a viver em uma gaiola, como um abrigo, a qual em muitos casos nem querem mais deixar, pois nela estão completamente seguros. Eles se tornam parceiros do ser humano, e alguns aprendem até a falar. Eles precisam e buscam o contato, trocam carinhos com seus amigos humanos e dão valor à observância de certos rituais.

Conheço um periquito que todo dia, em uma determinada hora, circula por todos os aposentos no ombro da dona de casa e ainda mordisca meigamente suas orelhas. Ai dela se algum dia isso não for possível!

Outro passarinho muito apreciado se chama Lento. Sua dona contou que um dia quis trocar o recipiente que ele usa para beber água e se banhar. Ele era feio e tinha algas, era uma antiga embalagem de queijo, de bordas afiadas, mas suficientemente rasa para Lento. Este, que já estava debilitado pela idade e tinha uma perna quebrada, só conseguia ficar sentado no chão e, de lá, precisava chegar até a água. Agora ela queria facilitar ainda mais as coisas para o passarinho e colocou na gaiola um recipiente de vidro raso. Contudo, Lento ficava sentado diante dele, desorientado, e olhava para a água – ou o que via ali – e não se mexia. No dia seguinte, seu velho recipiente foi colocado de volta, e imediatamente Lento se jogou nele sedento e bebeu e chapinhou como um louco. Era como se o tivessem privado completamente da água por um dia. Depois de treze anos, uma idade considerável para um canário, ele não admitia novas experiências. E seu canto voltou a ressoar pelo apartamento.

Pássaros que vivem livres evitam em grande parte a observação humana, mesmo quando se conectam bem estreitamente às habitações humanas e se tornam animais urbanos, como, por exemplo, os pardais. Algo semelhante ocorre no caso das pombas selvagens cinzentas, dos corvos ou também dos andorinhões-pretos e das andorinhas, que em enxames inteiros retornam do sul na primavera e invadem as cidades. Nós os vemos, mas sabemos pouco sobre o seu comportamento. Eles vivem conosco em uma proximidade remota.

No interior do mundo animal, as espécies de pássaros ocupam um lugar de destaque. Dos dez volumes da publicação *Brehms Tierleben*, três deles tratam unicamente dos pássaros; em todo o mundo, são conhecidas 8.600 espécies. Em termos de história da evolução, os pássaros descendem, como já foi mencionado no capítulo dedicado às galinhas, dos pterodátilos, dos pássaros primordiais, os quais reduziram drasticamente seus membros dianteiros convertendo-os em asas. Considera-se que o elo entre os répteis e os pássaros seja o arqueópterix, cujo esqueleto fossilizado foi encontrado nas camadas superiores do período jurássico, em uma placa de calcário, em Solnhofen.

Como peculiaridade fisiológica que possibilita perfeitamente o voo, os pássaros desenvolveram, ao contrário de outros animais de sangue quente, uma configuração diferente do pulmão e do sistema circulatório. O próprio pássaro primordial no início ainda era desengonçado, sua capacidade de voar, que se esgotava em esvoaçar e planar, alcançava no máximo até a copa das árvores, onde ele provavelmente se alimentava de frutos e insetos. Hoje observamos pássaros que parecem se perder no céu. Essa ascensão desapegada, o movimento sem gravidade ao encontro da luz, certamente é o que mais fascina o ser humano. Nele nascem asas somente no pensamento, na fantasia e nos sonhos. Somente ali não se colocam limites para ele. Quando, porém, ele se atreve a fazer igual aos pássaros, é inevitável que fracasse como Ícaro – ou que use aviões. Somente os pássaros tocam diretamente o céu.

O pássaro na linguagem

Dignos de nota são dois campos os quais a linguagem popular recorre para captar a natureza do pássaro e a utilizar em sentido figurado: por um lado, a condição aérea do transcendente e, por outro, o terreno. Com batidas na têmpora, indica-se que alguém tem "um pássaro". Ou seja, nas "esferas superiores", no "quartinho de cima", nem tudo está claro. Toma-se a pessoa por maluca.

"Chamariz de pássaros", "captura de pássaros", "capturador de pássaros" são expressões relacionadas à caça de pássaros. Esta faz parte de um dos capítulos mais tristes dos países do sul da Europa, onde todos os anos incontáveis pássaros cantadores vão parar nas panelas. Em um livro crítico sobre a Itália, pode-se ler: "A temporada de caça chegou ao fim. Mas nos últimos dias foi preciso mais uma vez atirar pra valer nos pássaros. Alguma coisa ainda continuava a se mexer. Então, foram divulgados os números. No final da temporada passada, foram abatidos 20 milhões de pássaros. É como se os caçadores, os toscos, os argilosos não pudessem suportar que os pássaros saibam voar" (15).

Locuções vulgares que dizem respeito ao sexo decorrem da observação do cio e do acasalamento desembaraçado e cheio de vida dos pássaros. Na enciclopédia *Sex im Volksmund* [O sexo na linguagem popular], de Ernest Bornemann, encontram-se, ao lado dos termos "Vogel" [pássaro] para pênis e "vögeln" [transar] para a relação sexual, incontáveis expressões que remetem para os pássaros (16). E também o caçador de pássaros Papageno, na *Flauta mágica*, faz alusão a sua preferência por capturar meninas na sua rede: "Eu as capturaria às dúzias para mim. Então, as prenderia comigo, e todas as meninas seriam minhas". Ali ele é um "pássaro divertido", um "brincalhão", um "pássaro enviesado", mas também um "pássaro mais descontraído".

Quando alguém come muito pouco, diz-se que ele "come como um passarinho", ele é "delicado como um passarinho".

Outras expressões que descrevem o movimento dos pássaros são aplicadas também às pessoas: o "voar de um lugar para outro", o "bater as asas" quando alguém não dá sossego; há movimento "como em um pombal", alunos "saem em revoada" para explorar algo. E à noite mandam-se os filhos para "o ninho".

Ao "voar alto" no pensamento nos inspiramos, mas podemos nesse caso também nos perder nas "alturas mentais", nas abstrações. Para realizar alguns feitos, é preciso "sair voando", não se pode ficar sentado em casa, de "asa caída". E quando alguém sente saudades de um lugar distante, gostaria de "migrar com as aves de arribação".

Outras locuções sugerem uma polarização simbólica no interior das espécies de pássaros e fazem uma divisão entre pássaros escuros e claros, por exemplo, entre os corvos e as pombas.

O corvo é preto como a noite, seu grasno é sombrio. Ele também é o pássaro da forca, um necrófago portanto, um pássaro da morte. A expressão "Du Rabenaas!" [Tu, corvo de cadáver!] é empregada ainda hoje, entretanto geralmente de brincadeira, para uma pessoa ardilosa. "Pais corvos" são pais ruins, que negligenciam seus filhos. De "Pechvogel" ["pássaro azarento"] e "Unglücksraben" ["corvos infelizes"] são designadas pessoas que estragam tudo, com elas tudo acaba mal.

A pomba branca, ao contrário, desde a época de Noé, é um epítome da esperança e da vida, ela retorna à arca com o ramo de oliveira no bico e comunica, com isso, o fim do dilúvio destruidor. Ela anuncia a vida e a paz.

Quando, no entanto, no caso de pessoas apaixonadas, fala-se de "arrulhar" e "debicar" e a amada se torna uma "pombinha", logo estamos no centro do romantismo das litogravuras, onde pousam pombinhos que se debicam entre não-me-esqueças e gavinhas de rosas sobre corações vermelhos.

O pássaro na mitologia e como símbolo

De importância central tanto para a formação dos mitos como para o simbolismo do pássaro, em geral certamente é o voo como superação do peso da vida terrena. O pássaro se liberta de todo peso ao voar para o céu, para onde moram os deuses, para onde está a luz. Ele mesmo se torna nesse caso um ser espiritual.

Para as pessoas, que podem acompanhar somente com os olhos esse movimento leve que supera a matéria, o pássaro se torna o mediador entre as esferas e o portador das mensagens espirituais.

Na mitologia cristã, a pomba tem, nesse aspecto, uma tarefa significativa. Mas também em outros mitos e nos contos de fadas os pássaros são mediadores e importantes companheiros das heroínas e dos heróis. Quem entende a sua linguagem, recebe conselhos e indicações acerca do caminho correto.

A ligação do pássaro com a esfera anímico-espiritual ou a imagem do pássaro como a própria alma humana reforçam nitidamente a tendência de descorporalizar em grande medida os pássaros. Como pássaro anímico, ele sai do corpo dos mortos. Em algumas regiões, era e é costume abrir-lhe a janela.

Nos dolmens pré-históricos, descobriu-se o assim chamado "buraco da alma", uma abertura na pedra que servia de porta do túmulo, que deveria assegurar às almas dos antepassados, assim supõem os pesquisadores, a saída e o regresso quando saíam para guardar os vivos. É certo, contudo, que com essa abertura deveria se assegurar que pudessem alternar entre os diferentes mundos, o mundo do alto, dos vivos e o submundo.

No culto aos mortos do Egito, o ba, o pássaro da alma, é representado como uma ave com cabeça humana. Frequentemente, ele ainda paira por algum tempo sobre o morto ou o embalsamado, até que empreende seu voo para o além.

Quando se levam em consideração as diversas peculiaridades das espécies de pássaros individuais, logo se compreende que a fantasia formadora dos mitos também atribuiu significados inteiramente diferentes aos pássaros individuais. Nesse sentido, atribui-se, por exemplo, à coruja, como animal noctívago, um saber secreto peculiar. Ela é considerada um símbolo de sabedoria. Está relacionada à deusa grega Atena e apoia suas sábias decisões nas questões estratégias e morais.

O animal como símbolo nos sonhos, mitos e contos de fadas   217

A própria deusa, nascida da cabeça de seu pai Zeus, é dotada de um entendimento claro como o sol. A coruja traz do âmbito da noite um conhecimento oculto. Com seus olhos com visão noturna, ela penetra as trevas, antevê e anuncia a morte. Assim, Atena e a coruja corporificam, juntas, o conhecimento abrangente. Quem "leva corujas para Atena", faz, portanto, algo inteiramente supérfluo.

A águia e o falcão, com suas asas enormes e seus olhos aguçados, corporificam o princípio do poder das divindades supremas, apoiando a dignidade, a autoridade e a potência delas. Eles pertencem ao deus do sol Rá e a Zeus. E inclusive, em uma época posterior, eles apontam para a importância de imperadores e reis e ornam seus emblemas e brasões. A águia significa a ascensão ao mais elevado, a vitória, a independência, a libertação da servidão. Quando, nos mitos, as águias ou os falcões lutam com outros animais, ligados ao elemento terreno, os primeiros sempre saem vitoriosos da luta. Eles ascendem. E isso pode significar, em sentido figurado para o ser humano, que as forças espirituais vencem sobre o desejo terreno impulsivo e sobre o prazer físico. Ao olhar atento desses pássaros nada escapa. E, desse modo, o olho onividente do falcão tornou-se um símbolo para Horus, o deus celeste egípcio.

Também o íbis é um pássaro sagrado no Egito. Com seu longo bico arqueado, em forma de foice, ele perfura o terreno pantanoso e passa a impressão de uma procura permanente. Ele procura pequenos répteis para se alimentar. Uma vez que, no entanto, os répteis que vivem na lama escura significam o mal, o íbis é considerado um indispensável exterminador do mal. Ele é sagrado para Thoth, o deus da sabedoria, e é considerado a sua manifestação terrena. Por isso, os ibises também eram embalsamados e sepultados em recipientes de barro.

Além disso, outra ave aquática alcançou a mais elevada significação mitológica: a garça. Seu nome grego fênix remonta a sua cor vermelha, a cor do fogo, pois ela mesma teria se queimado e renascido para uma nova vida. A fênix é a criatura mitológica que morre por autossacrifício. Durante três dias, ela permanece morta, e então resurge, como o pássaro do fogo, para a singularidade imortal. Ela corporifica dignidade real e nobreza e se torna símbolo da vida que se renova repetidamente. Na Roma antiga, ela era considerada o modelo do império que se renova permanentemente e era retratada em moedas.

Na versão mítica do Egito, ela é o pássaro Benu, o primeiro pássaro, que pousou na colina primordial que se originou da lama. Ele corporifica o princípio solar. Essa imagem lembra um mito da criação, pois à lama da terra pertence a enchente primordial, e ao sol, ao fogo, pertence o ar. Os quatro elementos – água, terra, fogo e ar – criam as bases para o surgimento da vida. E se o sol se põe à noite em uma chama vermelha, experimenta na manhã seguinte um renascimento com o frescor do orvalho.

A fênix simboliza o milagre dessa ressurreição. Ela deve se alimentar somente do orvalho e se comportar de maneira tão suave que nunca destrua aquilo em que põe os seus pés. Ela teria voado a países estrangeiros e buscado ervas aromáticas para sua incineração, e em Heliópolis, a antiga cidade de Baalbek, no Líbano, tê-las-ia amontoado no altar e ateado fogo em si mesma e renascido novamente.

Na mitologia chinesa, a fênix está entre os seres dotados de espírito, como os dragões e os unicórnios, e visto que ela reúne em si o princípio feminino e o masculino, a delicadeza e a beleza bem como a força real, ela se torna um símbolo universal da união. Essa união se refere a todas as interações do universo entre Yin e Yang.

Na perspectiva cristã – assim consta no *Fisiólogo*, o principal escrito do simbolismo natural pré-cristão do século II, que relaciona as qualidades da observação da natureza com Cristo, satã, o ser humano e a Igreja – a morte da fênix significa o autossacrifício e a ressurreição de Cristo. "Se esse pássaro tem o poder de matar a si mesmo e voltar à vida – como é que as pessoas insensatas estão relutantes diante do que diz o Nosso Senhor Jesus Cristo: Eu tenho o poder de acabar com minha vida, e eu tenho o poder de retomá-la? Porque a fênix assume o semblante de nosso Salvador" (17).

Ainda poderiam ser mencionados muitos outros pássaros com um simbolismo especialmente pronunciado, como, por exemplo, o rouxinol, a andorinha, o pavão e o cisne. Aqui, porém, pretende-se tratar de dois pássaros que, no nosso círculo cultural, experimentaram a manifestação simbólica mais antagônica: o corvo e a pomba, ou seja, preto e branco, mal e bem, terreno e celestial. Um pássaro come carne morta; o outro, apenas sementes e frutos.

O corvo

Curiosamente, o corvo está entre os pássaros cantadores, embora consiga dar de si apenas um grasno ou um chamado sombrio, tão sombrio como a cor de sua plumagem, realmente preta-corvo. É considerado o mais inteligente entre todos os pássaros, mas em vez de ser valorizado por causa dessa qualidade, o corvo é rejeitado e interpretado de forma negativa. Além disso, é considerado um tagarela indiscreto, razão pela qual não pôde ficar com a deusa Atena, cujo companheiro ele um dia foi. Em seu lugar, ela colocou a sábia coruja. Inclusive sua falta de confiabilidade e seu interesse próprio contribuem para sua difamação, pois quando um dia ele teve de buscar água para o deus Apolo, ficou sentado no caminho debaixo de uma árvore e esperou até que os frutos dela estivessem maduros para comê-los, e só então realizou sua missão. E também Noé se viu iludido por seu corvo, que ele enviou da arca em primeiro lugar. Ele não voltou e Noé ficou sem o relato. Por causa desses e de outros desleixos semelhantes, o corvo foi punido. Sua plumagem originalmente branca foi transformada em preta por Apolo. Assim, ele é um favorito que caiu em desgraça e faz lembrar o anjo caído lúcifer. E como um companheiro do diabo, ele está, portanto, entre os mágicos e as bruxas.

Na mitologia norte-germâmica, porém, a inteligência do corvo é venerada em alto nível, pois Odin, o pai dos deuses, também chamado de deus-corvo, carrega em seus ombros dois corvos, Huginn e Muninn, pensamento e memória. Odin envia esses dois corvos todos os dias para sobrevoar o mundo a fim de obter o mais preciso relato de todos os aconteci-mentos. Os guerreiros caídos nas batalhas, trazidos a Odin no Templo de Valhala, eram jogados como comida para os corvos, e inclusive as valquírias, na forma de corvos, tomavam o sangue dos guerreiros mortos. Também o verso infantil já citado acima, lembra essas concepções míticas, quando se diz: "Upa, upa cavaleiro, quando cai é um berreiro. Caindo ele na cova, devoram-no os corvos..."

Juntamente com as imagens da cabeça dos mortos e da cova, o corvo é um símbolo da matéria, da terra, da transito-riedade. Ele espera na colina da forca até que possa se lançar sobre os mortos. E visto que, primeiro, ele arranca os olhos dos cadáveres, na interpretação cristã torna-se a imagem do diabo que cega os pecadores.

E, mesmo assim, todas as considerações tomadas em conjunto não oferecem uma definição negativa inequívoca do corvo. Sempre se joga com o tanto-como, e repetidamente se faz alusão até à possibilidade de recuperação da plumagem branca. Desse modo, na alquimia, o corvo – como uma imagem da *prima materia*, ou seja, do *nigredo* – frequentemente tem, como pássaro preto, uma cabeça branca, o que aponta para o processo de transformação que a matéria experimenta no decorrer do trabalho alquimista de clareamento: No processo alquimista, o que está em jogo é o processo de transformação que conduz da escuridão primária, do *nigredo* ou do corvo escuro, para a purificação no branco puro, ou seja, para a pomba, a fim de alcançar, por fim, o *rubedo*, o avermelhado, que como fênix alcançou sua consumação na forma de um novo ser que renasce das cinzas.

Na doutrina órfico-helenista, que se ocupa com o destino da alma no além, o corvo da morte é representado juntamente com uma pinha e uma tocha da vida, símbolos da fertilidade e da luz. Portanto, indica também a luminosidade.

Na pintura *Campo de trigo com corvos*, uma das últimas obras de Van Gogh, corvos, em preto, caem de um céu que se escurece sobre um campo de trigo que se ilumina, em dourado, debaixo deles como uma colheita da vida. Eles ensombram o campo, mas não conseguem escurecê-lo.

Como um andarilho inquieto e solitário, o corvo se junta a alguns eremitas e os teria também auxiliado, como, por exemplo, ao Profeta Elias, ao São Bento de Núrsia e, sobretudo, ao São Meinrad, que vivia a sua clausura no local do atual Mosteiro de Einsiedeln e ali foi morto por dois ladrões. Dois corvos indicaram o caminho para o seu cadáver. O que, por outro lado, aponta para o corvo como um pássaro dos mortos e uma ave necrófaga.

A inteligência do corvo ganha expressão especialmente nos mitos indígenas norte-americanos, quando aparece na figura do trapaceiro. Ele perpetra artimanhas refinadas e é, assim, um importante interlocutor do herói que pode aparecer ao seu lado de maneira especialmente gloriosa.

A pomba

Quando se pensa na pomba, aparece aos olhos interiores imediatamente a imagem da pomba branca da paz com o ramo de oliveira no bico, como a pintou Picasso; igualmente se pensa na pomba como o Espírito Santo, descendo do céu sobre as pessoas em meio ao brilho de uma auréola radiante.

Abstraindo das atuais pombas urbanas, também chamadas de ratos voadores, importunadas pelos fumigadores urbanos porque propagam doenças, pensamos na pomba afável, na pomba sagrada. A pomba é branca e pura. Desde tempos imemoriais, a pomba é uma imagem do amor, da não violência e da ternura – embora essa imagem pouco condiga com seu comportamento biológico, pois as pombas podem ser muito combativas e cruéis. Contra os rivais, elas combatem até a morte. No entanto, diante do expressivo significado da pomba sagrada como símbolo da primavera e da fertilidade, provavelmente esse aspecto tenha uma importância menor. Nos mitos antigos, as pombas estão relacionadas com as divindades femininas, tanto com as deusas maternais como com Deméter, e ainda com as deusas da primavera e do amor, Astarte, Afrodite e Vênus. Elas estão ligadas a Adônis e Eros e o consumo de ovos de pomba é considerado afrodisíaco. Assim, as pombas foram criadas também nos santuários das deusas.

O trato meigo do casal de pombos um com o outro certamente deriva dos cuidados da ninhada, pois os filhotes de pombos requerem cuidados intensivos. É evidente que as atividades de arrulhar e debicar dos pais estão a serviço dos rituais de alimentação, quando eles têm de dar o denso leite de pomba, formado em seu papo, diretamente no bico dos filhotes. Ambos os pais se revezam conscienciosamente nessa tarefa, a exemplo do que aconteceu na incubação.

O notável instinto da pomba para reencontrar o local do ninho a longas distâncias levou, já no antigo Egito e na China, a sua utilização como pombo-correio. E dessa capacidade deriva certamente também o seu grande significado como portadora de mensagens espirituais. Quando Maria concebe por intermédio do Espírito Santo, Ele vem na forma de uma pomba. E no batismo de Jesus no Jordão, desce uma pomba como a voz de Deus e confirma a sua filiação. Também nas imagens da Trindade, a pomba é onipresente como corporificação do Espírito Santo. A pomba torna-se um símbolo da suprema espiritualidade, uma imagem do espírito da vida divino por excelência. No simbolismo do túmulo, ela se torna o pássaro da alma, que sai voando para o paraíso para beber a água da vida e pousar na árvore da vida.

O pássaro como símbolo no sonho

Como para todas as imagens oníricas, considera-se também para o símbolo do pássaro ou do bando de pássaros que todos os conteúdos semânticos mitológicos, ou seja, simbólicos em geral, possam evocar de maneira mais ou menos clara uma imagem onírica pessoal. Importante é reparar sensivelmente nas circunstâncias que envolvem a imagem do pássaro. É evidente que faz muita diferença se o sonho envolve um pássaro aquático ou uma cotovia, que de manhã cedo sai voando e cantando pelos ares, ou um bando de pássaros, que pode indicar a abundância de pensamentos que se move no íntimo do sonhador e que ele precisa conduzir: Para onde? Até onde? Vai dar certo? Bandos de pássaros movem-se com enorme precisão. No sonho, trata-se de um bando ordenado ou de algo desordenado, de irritação, de desorientação ou de pássaros em demasia que, como pensamentos sibilantes, ainda procuram sua direção? Será que os pensamentos e as ideias talvez queiram enfim poder se desenvolver livremente? Ou o bando significa saudade da vastidão e da independência como promete o elemento do ar? É saudade do amor, da ausência da força da gravidade como sobre uma almofada de ar? Ou se percebe medo, medo desse ato de voar?

No caso da imagem do pássaro preso na gaiola, é preciso perguntar por restrições, por obstáculos à ação ou também, inversamente, por necessidade de segurança. Será que o pássaro quer sair ou prefere ficar? Aqui ele está em casa, ou a vontade restringida e o ímpeto querem se libertar?

O pássaro nos contos de fadas: Os sete corvos

No conto de fadas dos Irmãos Grimm, *Os sete corvos*, o tema é a transformação e a libertação. Sete irmãos são amaldiçoados pelo pai; eles se transformam em corvos e voam embora. Eles foram desatentos e deixaram cair no poço o jarro para a água batismal com a qual a irmã recém-nascida deveria receber o batismo de emergência. Em termos simbólicos, isso pode significar que o nascimento do feminino na forma da menina não é desejado em um mundo dominado por princípios masculinos. Ela não deve, nem sequer por batismo de emergência, pertencer à comunidade. Os corvos voam para o desterro como se fossem as sombras de uma sociedade concebida em termos patriarcais.

Marie-Louise von Franz lembra que, no início da Idade Média, houve uma aceitação temporária de um estilo de vida feminino mais livre, que encontrou uma de suas expressões no amor cortês, mas que logo foi reprimida novamente por causa de uma consciência cristã mais rigorosa. Mulheres que se portavam de maneira original e autônoma eram acusadas de serem bruxas. Nessa perspectiva, o encantamento dos irmãos pode ser visto como "um retrocesso no desenvolvimento do espírito das mulheres" (18).

O número de corvos, que pode ser considerado quase um bando de corvos, indica que, no caso do problema abordado no conto, trata-se de um estado das coisas coletivo. No entanto, uma jovem mulher, a irmã em crescimento, a oitava criança dos pais, aspira por mudança. Corajosa, ela se desloca completamente sozinha em uma viagem anímica, a fim de obter das estrelas conselho para a sua tarefa libertadora. Ela não quer continuar mais a viver sem os irmãos. Ela precisa deles, pois somente sobre o plano de fundo do masculino ela pode se desenvolver tornando-se uma mulher consciente. Ou seja, trata-se da reconciliação e da igualdade harmonizante entre as energias de vida masculina e feminina, cuja interação é o único caminho para dar conta da vida e das suas crises ameaçadoras.

Os sete corvos (19)

Um homem tinha sete filhos, mas ainda nenhuma filhinha, por mais que a desejasse; mas finalmente chegou uma menina. A alegria era grande, mas a criança era franzina e miúda e, por causa de sua fraqueza, teve de ser batizada às pressas.

O pai mandou um dos meninos para a fonte buscar água para o batizado; os outros seis correram junto com ele, e como cada um queria ser o primeiro a tirar a água, acabaram deixando a jarra cair no poço. Lá estavam eles parados, sem saber o que fazer, e nenhum tinha coragem de voltar para casa. E como eles demoravam tanto para voltar, o pai ficou impaciente e gritou na sua raiva:

– Eu quero que os meninos se transformem todos em corvos!

Mal ele acabou de pronunciar essas palavras, ouviu um ruflar de asas no ar sobre a sua cabeça, olhou para o alto e viu sete corvos negros como carvão voando embora.

Os pais não podiam desfazer a maldição, e por mais tristes que estivessem pela perda dos seus sete filhos, eles se consolaram um pouco com a filhinha querida, que pouco a pouco criou forças e ficava mais bonita a cada dia. Durante muito tempo ela nem soube que tinha irmãos, pois os pais se guardavam de mencionar os meninos. Até que um dia ela ouviu por acaso as pessoas comentando que a menina era bonita, sim, mas, afinal de contas, era culpada pela desgraça dos seus sete irmãos.

A menina ficou muito triste, foi falar com o pai e com a mãe e perguntou se já tivera irmãos e onde eles foram parar. Agora os pais não podiam mais guardar segredo, mas disseram que foram os desígnios do céu, e que o seu nascimento fora apenas o inocente pretexto. Mas a menina sentia dores de consciência todos os dias e pensava que era seu dever libertar os irmãos. E não teve sossego até que se preparou às escondidas e partiu para o vasto mundo, para em algum lugar encontrar os irmãos e libertá-los, custasse o que custasse. Ela não levou nada consigo, a não ser um anelzinho dos pais como lembrança, um filão de pão para a fome, uma jarrinha de água para sede e uma cadeirinha para o cansaço.

Então a menina caminhou e caminhou, para longe, bem longe, até o fim do mundo. Aí ela chegou ao Sol – mas este era quente e medonho demais, e devorava criancinhas. A menina fugiu às pressas e correu para a Lua, mas esta era fria demais e também cruel e malvada, e quando viu a menina, falou: "Sinto cheiro, cheiro de carne humana!"

Então ela fugiu correndo e chegou até as estrelas. Estas eram gentis e amáveis com ela, e cada uma estava sentada em uma cadeirinha especial. A Estrela Matinal, porém, levantou-se, deu um ossinho de galinha à menina e disse:

– Se não tiveres o ossinho, não poderás destrancar a Montanha de Vidro, e é lá que vivem os teus irmãos.

A menina pegou o ossinho, embrulhou-o em um lencinho e continuou a caminhada, até que chegou à Montanha de Vidro. O portão estava trancado, e ela quis tirar o ossinho, mas quando desdobrou o lencinho, este estava vazio. Ela perdera o presente das boas estrelas. Que fazer agora? Ela queria salvar seus irmãos e não tinha chave para a Montanha de Vidro. A boa irmãzinha pegou uma faca, decepou o dedo mindinho, enfiou-o na fechadura e teve a sorte de abrir o portão. Quando ela entrou, veio-lhe ao encontro um anãozinho, que lhe perguntou:

– Minha filha, o que procuras?

– Procuro os meus irmãos, os sete corvos – respondeu a menina.

O anão disse:

– Os senhores corvos não estão em casa, mas se quiseres esperar aqui até que eles cheguem, podes entrar.

Aí o anãozinho trouxe a comida dos corvos em sete pratinhos e sete tacinhas, e de cada pratinho a irmãzinha comeu um bocadinho, e de cada tacinha ela bebeu um golezinho; mas na última tacinha ela deixou cair o anelzinho que levara consigo.

De repente, ela ouviu no ar um ruflar e um zunir, e o anãozinho disse:

– Os senhores corvos estão chegando – e lá estavam eles, queriam comer e beber e procuraram seus pratinhos e suas tacinhas. E falaram, um depois do outro:

– Quem comeu do meu pratinho? Quem bebeu da minha tacinha? Foi uma boca humana.

E quando o sétimo corvo chegou ao fundo da taça, o anelzinho rolou-lhe ao encontro. Então ele o viu e reconheceu o anel do pai e da mãe, e disse:

– Deus queira que a nossa irmã esteja aqui, então estaremos livres!

Quando a menina, que estava escutando atrás da porta, ouviu esse desejo, ela saiu e se mostrou.

Então todos os corvos recuperaram a sua forma humana. E eles se abraçaram e se beijaram e voltaram alegres para casa.

Tentativa de interpretação

Já o nome do conto de fadas indica que se trata de um simbolismo dos números: são sete filhos e sete corvos. A semana tem sete dias, o número da criação é o sete. O sete é um número dinâmico: "No simbolismo dos números, o sete é visto geralmente como o número de um processo de desenvolvimento, porque é o número dos planetas na astrologia clássica. Nela os sete planetas constituem os elementos básicos do horóscopo, e por isso os elementos básicos arquetípicos sobre os quais toda personalidade é construída" (20).

E, no entanto, com o sete o processo da criação não chega ao fim, ainda que a obra criadora de Deus esteja feita, pois esta acontece no tempo. "Depois, segue-se o oitavo – este é a eternidade. O oito remete, segundo Jung, assim como o quatro, para o significado do Si-mesmo, da totalidade; ele sai do processo do desenvolvimento temporal e entra no estado eterno" (21). Isso significa que somente com o oito se alcança efetivamente o arredondamento de um processo. Com referência à criação do mundo, isso poderia significar que depois de sete fases, quando o ser humano existe, ainda é necessária uma fase de desenvolvimento adicional, que tem de ser assumida pelo ser humano como sua responsabilidade própria. Ele tem a tarefa de continuar a se desenvolver psiquicamente, da melhor forma que ele conseguir, e, com isso, aspirar à sua individuação, ao seu aprimoramento ou à sua totalidade.

A ogdóade (o óctuplo) – como ela representa, já na doutrina dos deuses do Egito antigo (com quatro pares de deuses), a cosmogonia anterior à criação do mundo – expõe uma diferenciação em relação à ordem quádrupla. A mandala (sânscrito: o círculo), um símbolo da unidade, é subdividida em quatro segmentos de tamanho igual, e no nosso círculo cultural conhecemos, de modo correspondente, a ordem dos quatro pontos cardeais, dos quatro elementos (água, terra, fogo, ar), das quatro estações do ano e também dos quatro humores humanos que constituíam a base da medicina da Idade Média. C.G. Jung formula quatro funções de percepção e de reação do ser humano que interagem e estruturam a sua personalidade: pensar, sentir, perceber e intuir. Quando uma das funções não está em harmonia com as outras ou talvez até seja menos desenvolvida, isso pode perturbar o desenvolvimento da vida. Trata-se, então, de fortalecer e integrar essa função.

No conto de fadas *Os sete corvos*, parece prevalecer principalmente uma carência na esfera do sentimento, uma carência de atenção e de compaixão, talvez de amor. O pai tem sete filhos, porém o fato de não ter nenhuma filha não o deixa em paz, ele não consegue se alegrar. De algum modo, o mundo desse jeito não está certo para ele. Chama a atenção que a mãe não é consultada, ela aparece como figura de utilidade; ela dá à luz filhos, um atrás do outro, sempre meninos. Também agora ela renova a esperança dele. Seus próprios desejos, sua decisão, em suma, sua potência espiritual feminina tem pouca importância. A menos que nela flameje ligeiramente a esperança na forma da nova criança, pois será uma menina. E, de fato, o elemento feminino tem dificuldade de se estabelecer aqui. A recém-nascida está tão moribunda que é preciso lançar mão de um batismo de emergência. O pai manda um dos filhos buscar a água batismal, mas todos correm zelosamente juntos, e na confusão e na correria o jarro cai no poço. Será que os irmãos são apenas desajeitados ou por que o jarro se perde? O bando de irmãos não quer ter o feminino na família? Os irmãos deixam cair no poço o jarro que, como recipiente, é ele mesmo um símbolo feminino, isto é, ele cai do sentido deles para o inconsciente profundo.

O pai está decepcionado, e em um ataque de descontrole, amaldiçoa os seus filhos. Ele não tem nenhuma sensibilidade para a "bobagem" que eles fizeram. Ele os manda para o diabo. Este os busca imediatamente; eles partem como corvos pretos. Os pais que ficaram para trás consolam-se com a sua filhinha, que sobrevive, e se alegram com o seu crescimento

O animal como símbolo nos sonhos, mitos e contos de fadas

e a sua beleza. Agora eles se dedicam inteiramente à menina, como se os irmãos nunca tivessem existido. Para eles e a irmã, o masculino e o feminino, parece não existir nenhuma justaposição, nenhum direito à equivalência.

Nessa lógica do "ou-ou" reside o problema. E assim os pais guardam o segredo da família e ocultam da menina a existência dos sete irmãos perdidos. Eles agem como se os meninos nem sequer existissem. E como frequentemente ocorre em tais situações, a menina fica sabendo da verdadeira história indiretamente, pela boca de estranhos, e fica sabendo ainda que ela é considerada às escondidas a culpada pelo "desaparecimento" dos sete irmãos. Sua sobrevivência custou aos irmãos corvos a assistência paterna. Em um princípio do "ou-ou", sua vida é colocada contra outras sete. Os pais querem transferir a culpa de si próprios, seria uma fatalidade do céu, dizem. Isso, porém, é um artifício mentiroso que se furta à responsabilidade.

A menina, porém, não quer nem pode viver com sua culpa, então começa a perguntar e se põe corajosamente a caminho, à procura dos irmãos. Ela percorre o mundo e o céu. Ela busca pistas reais e também explicações. E se o céu pode ser visto como o reino do espírito sabedor e também das coincidências misteriosas, então ela encontrará ali a chave do mistério. Ela leva somente o mínimo necessário para se alimentar, um anelzinho como sinal de identificação e uma cadeirinha para descansar. Ela pressente que a viagem será árdua e longa.

Inclusive as estrelas estão sentadas em cadeirinhas, como se já esperassem eternamente que alguém chegasse indagando pelo destino. Ambos os pais, corporificados pelo sol e pela lua, não são vivenciados como amorosos. Eles são cruéis e devoram crianças. Isso fica claro para a menina, quando ela pensa nos irmãos amaldiçoados pelo pai descontrolado e na mãe que não foi forte o suficiente para resistir e se impor, protegendo-os. E talvez a menina também já se sentisse devorada pela assistência paterna exagerada e estreita. O devorar dos filhos tem tradição na mitologia antiga.

Quando saturno devora seus filhos, ele quer evitar que uma nova geração com novas concepções e ideais ascenda, descarte a antiga e provoque mudanças. Muitas vezes as mudanças são bastante difíceis não apenas como redirecionamentos civilizatórios de uma época, mas também como uma reorientação pessoal.

Inteiramente sozinha em sua caminhada de busca, a menina toma ciência gradualmente dessas relações e assume corajosamente essa tarefa libertadora. Possivelmente ela suspeite que, quando na transformação se trata de um pássaro preto, está em jogo mais do que uma libertação pessoal. Quando se considera os sete corvos como um coletivo com determinadas linhas de pensamento unilaterais de cunho masculino – é que os pássaros simbolizam também pensamentos –, assim como estavam dados na época patriarcal, então aqui se trata de uma libertação mais abrangente. De modo bem geral, o pensar e o agir têm de mudar, a fim de dar mais espaço para as qualidades do sentimento atribuídas ao princípio feminino. Sob as estrelas amigáveis, curiosamente também Vênus é particularmente solícita. A menina encontra nela a deusa que reúne em si a força do sentir e do viver femininos. Ela é a deusa do amor, que dá conselho e indica o caminho.

Com o ossinho de galinha que possui poder mágico, a menina deve abrir a Montanha de Vidro, na qual os irmãos tinham de viver como sob um feitiço. No ossinho de galinha,

O animal como símbolo nos sonhos, mitos e contos de fadas   233

talvez se possa ver um ossinho do destino ou da sorte bifur-
cado, a clavícula da galinha, com a qual ainda hoje se tira a
sorte quando duas pessoas o partem. Quem ficar com o pedaço maior será favorecido pelo destino. Todavia, no ossinho de
galinha pode-se distinguir um objeto fálico, por meio do qual
deve aumentar a potência e a coragem autônoma da menina.
A questão é saber se ela já está pronta para sua tarefa libertadora. A força mágica do ossinho unicamente parece não ser
suficiente, pois exatamente da mesma forma despreocupada
com que a moça dos gansos perdeu as gotas de sangue mágicas de sua mãe, a irmã perde o ossinho milagroso e por ora
está desorientada diante da Montanha de Vidro. Ela mesma
tem de encontrar a chave verdadeira. Cortando decididamente com a faca um dedinho, ela atesta a autêntica disposição
para o sacrifício. Sua vontade séria e corajosa de passar também pelas dores que isso causa é a chave para chegar aos
irmãos. Nesse gesto que pode parecer uma autocastração, ela
obtém o acesso à Montanha de Vidro, sob a qual os irmãos
levam suas vidas de corvos. Com o dedo como um símbolo
fálico, ela sacrifica sua posição privilegiada como menina na
família, que talvez lhe tivesse propiciado vantagens, mas que
estava baseado na repressão e na mentira. Ela devolve aos
irmãos a posição que lhes era devida na família. Ela não quer
continuar sendo o objeto amoroso paparicado pelos pais, mas
uma irmã entre irmãos. Para os irmãos aumenta, através desse sacrifício, a energia do desenvolvimento que lhes foi nega-
da; eles podem, quando outra vez pertencerem efetivamente à
família, enfim, amadurecer e se tornar homens à altura do pai.

Primeiro, porém, a menina tem de esperar os "senhores
corvos". A locução indica que, nesse meio-tempo, é certo
que eles cresceram, porém, como revela o estilo de vida, não

amadureceram. Ela os encontra, assim como a Branca de Neve encontra os anões, como crianças com tacinhas e pratinhos nos quais se encontram bocadinhos. Os corvos que retornam para casa veem imediatamente que alguém havia entrado ali e desejaram que tivesse sido a irmãzinha. E ela está ali. O anelzinho confirma isso.

Com o anelzinho como um símbolo da totalidade, nada mais impede a salvação, a maldição acaba e com ela também a estagnação no desenvolvimento. Os demonizados tinham permissão para serem humanos novamente. Purificados, os irmãos, como um bando de irmãos, retornam juntos para casa. E o oito é o número do arredondamento. Uma etapa importante no desenvolvimento da vida foi concluída. Agora os irmãos iniciam sua nova vida em aceitação recíproca sob o signo da equivalência entre homem e mulher. Ou seja, a libertação provocou também uma transformação, pois quando os irmãos e a irmã assumem em si a parte anímica do sexo oposto, e desse modo, as respectivas energias vitais, abre-se o caminho para uma vida adulta madura.

 O urso

Quando se pronuncia o termo "urso" pensa-se realmente no grande e peludo urso-pardo selvagem, no perigoso urso-polar ou urso-cinzento? Ou será que "urso" não desencadeia muito mais um sentimento de ternura, uma sensação de carinho e de aconchego? Será que não tendemos espontaneamente a conferir ao urso uma face humana e fofa e a ver nele a criatura desengonçada, bondosa, que saboreia mel, da qual podemos nos aproximar sem perigo?

É que talvez ainda esteja encravado em nossos ossos o susto dos tempos antigos em que se podia topar com um urso de maneira imprevista nas florestas. Então a tendência a torná-lo uma criatura fofa seria uma defesa do medo, que em segredo ainda espreita por trás de sua imagem. O mais provável, porém, é que a periculosidade do urso perdeu-se por meio de seus incontáveis sósias de pelúcia e lã e as ilustrações dos muitos e muitos livros infantis que o representam como amigo. Pensamos nele de preferência como um homem fantasiado com o qual podemos lidar de modo amável, um companheiro resmungão e acolhedor, que tem nossa preferência. O que mais justificaria a ampla popularidade do animal urso e a sua presença no mundo infantil, ou a grande reação emocional entre adultos e crianças em torno do filhote de urso-polar Knut, que nasceu no ano de 2007, no zoológico de Berlim?

Nesse sentido, até há pouco mais de cem anos, havia na Europa, inclusive nas montanhas da Suíça, no Cantão dos Grisões, vastas regiões destinadas à caça dos ursos. Naquela época, as áreas hoje povoadas e muito procuradas nas férias ainda eram florestas afastadas e selvagens. Para um autêntico urso, este mundo ficou muito pequeno.

A família dos ursos faz parte dos animais predadores. Ela existe, desde os tempos pré-históricos, em todas as zonas climáticas, e, à exceção do urso-polar, que atravessa grandes extensões no gelo nórdico – nadando ou deixando levar-se por blocos de gelo –, os ursos de terra vivem em florestas extensas e densas ou em montanhas rochosas. Visto que eles se movem lentamente e se deixam tirar do sossego só contra a vontade, diz-se que especialmente as espécies grandes são deselegantes e desengonçadas, lentas e pacíficas. No entanto, se for necessário, por exemplo, no caso de perturbações ou de ataques, também os ursos conseguem se mover com agilidade, quando entram em um tipo de galope ou quando, recorrendo às suas forças descomunais, escalam e superam obstáculos. Alguns conseguem até manter-se erguidos sobre as pernas traseiras e andar curtas distâncias.

Ursos, ao contrário de outros predadores, são omnívoros, e isso certamente explica sua reduzida agressividade, pois eles são capazes – salvo os ursos-polares – de alimentar-se por períodos mais longos simplesmente com alimentação vegetal.

Desse modo, limita-se o prejuízo que causam ao ser humano quando, por exemplo, ursos famintos atacam animais gregários. Por outro lado, por causa da sua pele espessa e aquecedora e da sua carne comestível, os ursos foram e são um animal de caça estimado pelas pessoas. Provavelmente, nossa simpatia por esses animais e o anseio por sua pele quente e aconchegante provêm de uma experiência primordial, quando nossos antepassados, os homens das cavernas da pré-história, enrolavam seus filhos em peles de ursos, como fazem ainda hoje os índios das florestas canadenses. As peles de urso também eram levadas para as minas, e em períodos glaciais eram usadas para revestir o chão das tendas.

Pele de animais em pele humana – nesse caso deve tratar-se de uma vivência primordial agradável. Perigosamente agradável, como evidencia uma locução, pois quem aprecia muito "deitar-se em pele de ursos" é chamado também de indolente ou preguiçoso. No entanto, encostar-se em um urso, em um urso-polar ou em um urso-pardo sempre foi uma diversão para nós, especialmente quando ele nos encontra em um parque de diversões e amigavelmente põe sua pata em nossos ombros, a fim de ser fotografado conosco. Até há pouco tempo, no estúdio fotográfico, o bebê despido era deitado de bruços sobre uma pele de urso-polar. Ela tinha de erguer a cabeça e sorrir para a câmara. Quase todo fotógrafo tinha uma pele desse tipo; geralmente ela fazia parte do seu equipamento habitual.

O urso na linguagem

Levando em conta esse contato escasso com o animal real, é surpreendente o quanto o urso está presente na linguagem corrente. Atualmente, observam-se ursos no zoológico, raramente no circo. Inclusive acabaram as épocas de feiras em que os domadores conduziam seus ursos dançarinos pela argola posta nas narinas. Disso incumbiu-se o serviço de proteção aos animais, pois os ursos aprendiam a "dançar" submetidos a condições dolorosas com o auxílio de carvões em brasa. No caso das palavras e locuções que estão relacionadas com os ursos, devem tratar-se, portanto, por um lado, das recordações antigas e, por outro lado, das fantasias e das concepções que nos são sugeridas pelo urso como figura de identificação. Já com sua capacidade de erguer-se, ele se oferece como figura de projeção. Ele também pode sentar e levar um objeto à boca segurando-o com as patas como um ser humano ao comer ou ao beber. Isso ele tem em comum com os esquilos e outros pequenos animais bonitinhos, mas o que nos esquilos e nos outros animaizinhos se acha engraçado, no caso dos ursos logo parece humano. Isso pode ser um dos motivos por que o urso, nos livros infantis, é amado acima de tudo.

"Meu ursinho", "ursinho" e "ursinho de mel" são termos meigos reservados não apenas para as crianças, eles fazem parte também da linguagem dos apaixonados. Eles se referem aos homens. Eles são "fortes como ursos" e desenvolvem uma "fome de urso". Com frequência, adoram também coisas doces. Na Suíça, o termo "Bärentatzen" [patas de ursos] faz referência a um popular biscoito de Natal com chocolate e amêndoas. Os pequenos biscoitos prontos são cobertos pela metade com chocolate e, assim, se parecem realmente com patas de ursos. O fato de que, na Suíça, o alcaçuz é chamado de "sujeira de urso", certamente tem a ver com a sua cor.

"Um homem que parece um urso!" Alguém é "acolhedor como um urso", "pacato como um urso", "desengonçado como um urso" ou ele parece um "urso peludo". Por trás de tais expressões, que deixam a pessoa assim designada parecer inclusive um pouco abobada, está presumidamente um esforço inconsciente de, se possível, torná-la inofensiva, pois nunca se está inteiramente seguro de que sua ferocidade e força de fato não irão irromper de repente.

Às vezes, alguém é "mordaz como um urso, antipático", está indisposto e é incompreensivelmente mal-humorado e rabugento, é um "alter Brummbär" [lit.:"velho urso resmungão"]. E, nesse caso, é bem possível que ele preste um "Bärendienst" [lit.: "serviço de urso"], ou seja, um "desserviço" àquele que procura um conselho, quando o leva a uma decisão equivocada ou estimula uma ação errada.

No caso do berserker, do homem-urso, a coisa fica séria. Quando alguém "está furioso como um berserker", ele se inspira nos guerreiros míticos do norte que estão tomados de fúria na batalha, de modo semelhante aos lobisomens. Eles não sentem dor e, por isso, é difícil detê-los. Os berserkers são concebidos, a exemplo dos guerreiros de Odin nos mitos norte-germânicos, como seres híbridos, quer descendam de pais ursos quer se apropriem da força dos ursos através do ato de cobrir-se com peles e dos rituais de combate.

Da "hibernação" dos ursos sonha aquele que busca sossego, que quer se enrolar como um urso na sua caverna e esquecer-se do mundo pelo menos por um bom tempo. O pesquisador de símbolos Hans Biedermann descreve a hibernação do urso também como imagem da velhice humana (22). O cansaço torna-se o anseio pela última caverna. Talvez a primavera traga a ressurreição.

O urso na mitologia e nos contos de fadas

Nos mitos nórdicos o urso tem importância como animal tanto masculino como feminino. Assim, a ursa, ao sair da caverna com seus filhotes na primavera, pertence às divindades da floresta maternais, que prometem nova vida. Ela está relacionada com os ritos da transformação, da transição e da fertilidade. Na região do Mediterrâneo, ela está relacionada com deusas como Ártemis e Diana. As meninas que participavam dos ritos de Ártemis eram chamadas de "ursinhas"; elas usavam vestimentas amarelas e imitavam ursas.

Entre os celtas, a ursa era venerada como divindade da floresta na forma da deusa Artio. Um grupo de estatuetas que foi desenterrado nos aredores de Muri, no Cantão de Berna, representa Artio como divindade maternal sentada no trono, segurando um cesto de frutos. Ao seu lado, está um urso e do lado oposto, uma árvore – atributo da vida. Para os seres humanos de outrora, a floresta deve ter sido uma grande área que salva e alimenta, cheia de animais, de frutos e de cavernas que servem como habitação.

O urso macho é, semelhante ao leão, o animal mais forte e mais régio, um emblema de força e de ferocidade. A ferocidade, a vida e a caça na floresta, bem como a invencibilidade no combate ligam-se na sua imagem simbólica. Quem se mete na pele de um animal tão selvagem, como os guerreiros germânicos em peles de lobo ou peles de ursos, assume com isso a força própria do animal e é considerado invencível. Um berserker é imbatível na batalha.

O Pele de Urso, ao contrário, que, desde a metade do século XVII, de Grimmelshausen até os Irmãos Grimm, percorre como um fantasma as narrativas e os contos de fadas, é antes um companheiro degenerado, que preferiria se livrar novamente da sua pele de urso. Na pele de urso está metido um ex-soldado cuja combatividade não é mais utilizada. Após a guerra, ele perambula sem serventia e sem pátria. Ele é um coitado – quem o quer? Do que viverá? Só o diabo, sempre à procura de almas, aceita a alma dele. Promete-lhe dinheiro se suportar, durante sete anos, vestir-se com uma pele de urso, não se lavar e não cortar o cabelo nem as unhas. Se nesse período ele morrer, diz o conto, sua alma pertencerá ao diabo. Esse é o trato. Com o passar do tempo, o Pele de Urso fica cada vez mais sujo e feio, mas ele vive bem com o dinheiro do diabo (tanto faz de onde procede, como foi obtido ou se foi roubado) e ainda ajuda os pobres. Quando um dia assume toda a dívida de um homem empobrecido, recebe deste em troca a filha mais nova como esposa. Um anelzinho é quebrado como sinal de reconhecimento, antes que o Pele de Urso parta para o seu último ano de perambulação. Ele sobrevive ao prazo estipulado, o diabo tem de lavá-lo e vesti-lo com roupas finas. O Pele de Urso se torna um rico senhor. Ele busca sua esposa. O diabo também ganha com isso, pois as irmãs da jovem mulher, que até ali só haviam zombado do marido abominável, se matam de inveja. Assim, o diabo ganha logo duas almas de uma só vez e fica satisfeito.

Em alguns mitos das populações indígenas da América do Norte, os ursos, como criaturas semelhantes aos seres humanos, acasalam-se até com mulheres humanas – uma concepção que se reencontra também nas diversas sagas dos homens fortes como ursos – por exemplo, os *berserkers*.

Um significado negativo é atribuído ao urso primeiramente no cristianismo, onde ele corporifica as forças do diabo, que devem ser superadas. Também aí, em diversas histórias sagradas, aparece um urso que se junta com um eremita, que o ajuda de maneira altruísta e o livra de uma dor, por exemplo, tirando-lhe um espinho da pata. Isso deve pôr em evidência a ideia cristã do amor solícito que vence todo o mal.

Um culto ao urso, festejado até o presente, encontra-se na ilha de Hokkaido, atualmente pertencente ao Japão. Os primitivos habitantes animistas, os ainus, acreditam que os deuses assumem forma animal para visitar os seres humanos. Ursos novos são capturados e criados em grande veneração durante dois anos como enviados divinos, para então serem enviados de volta ao mundo dos deuses em uma festa dos ursos cúltica. Ou seja, eles são mortos.

Um urso mítico encontra-se também sobre as nossas cabeças: a constelação da "Ursa Maior" é uma das mais conhecidas do céu noturno nórdico. Com suas sete estrelas mais brilhantes que formam o "Grande Carro", ela é visível o ano todo na Europa Central. As estrelas que formam o timão do carro são a cauda do urso. Da "Ursa Maior" faz parte a "Ursa Menor", que é parcialmente visível no "Pequeno Carro". As duas constelações estão ligadas entre si através da estrela do norte, a estrela polar. Esta é a última estrela do timão do "Pequeno Carro". A partir dela, segue uma linha diretamente para a estrela superior da parte de trás do "Grande Carro". É uma pena que a constelação dos ursos, como um conjunto, não seja visível a olho nu.

Sabemos, porém, como eles chegaram ali. Quer dizer, não sabemos exatamente, pois se trata novamente de um jogo dos deuses gregos, sobre o qual há diferentes versões. Em todo caso, porém, a imagem do urso tem a ver com a deusa da floresta, Ártemis.

Da sua sociedade de caça fazia parte também a bela ninfa Calisto. Zeus se apaixonou por ela, desconsiderou o voto de castidade das caçadoras, violentou Calisto, engravidando-a. Tanto Ártemis como Hera, a esposa de Zeus, condenam a pobre Calisto – uma por orgulho ferido, a outra por ciúme. Depois que Calisto deu à luz um filho e o chamou de Arcas, ela foi transformada por Hera em uma ursa. O jovem e ingênuo Arcas, porém, vagueava um dia caçando pela floresta e encontrou uma ursa. Como ele poderia reconhecer nela a sua mãe? Quando Arcas já havia esticado o arco, Zeus interveio e impediu a morte da mãe, afastando mãe e filho ao mesmo tempo da terra e colocando-os no céu. Ali continuam a viver como estrelas até hoje. Hera, porém, continuou com inveja e fez seu irmão Posídon prometer que aos dois seria negado para sempre um banho no mar. Este é o motivo pelo qual as duas constelações sempre estão visíveis. Elas nunca se põem.

A estrela do norte na constelação de Arcas, que aparece como pequeno carro, teria dado o nome ao Ártico. A concepção da poetisa Ingeborg Bachman sobre a Ursa Maior é bem diferente. Em sua famosa poesia "Invocação da Ursa Maior", ela vê o companheiro poderoso e misterioso, a "noite hirsuta", o "animal de pelo de nuvens". Ela vê o urso em toda a sua dignidade e força como um deus-urso, que não permite que se brinque com ele, mas vigia a tudo e, em vista do ser humano, poderia uma vez pensar seriamente com seus "dentes aguçados meio descobertos".

O urso como símbolo na história e no sonho

Em Berna, há um "fosso do urso", atualmente uma área à margem do Rio Aare, em frente à parte antiga da cidade, em que são mantidos ursos-pardos. Seu surgimento certamente remonta a uma antiga veneração do animal, pois, na Antiguidade, Berna foi uma região de povoamento celta.

Como animal heráldico, o urso faz parte, desde o início, da cidade e do Cantão de Berna. Quando da fundação da cidade de Berna, no ano de 1218, Berchtold, duque de Zähringen, que queria que a cidade se tornasse o centro da região da Borgonha, teria dito que tão poderosa quanto um urso, o maior e mais poderoso animal da região, deveria se tornar a cidade cujo nome se inspira nele.

O Imperador Friedrich II homenageou os seus seguidores, como gratidão por seu corajoso apoio contra Otto IV, seu adversário na disputa pela coroa, com a criação da ordem dos cavaleiros do urso no ano de 1213. Interessante é uma indicação histórica de um dos objetivos éticos dessa ordem, pois lembra a recorrente concepção mítica segundo a qual os filhotes de urso viriam ao mundo desfigurados, ainda sem forma definida, e teriam de ser levados a sua forma corporal pelas mães através de lambidas cuidadosas. Aplicada ao bebê humano, essa afirmação é um fato cientificamente comprovado. Somente através do toque amoroso e intenso por uma pessoa de relação primária, geralmente a mãe, a criança pode se desenvolver em termos anímico-corporais e encontrar a sua imagem corporal própria e a sua identidade.

A esse conhecimento os cavaleiros da ordem do urso devem ter recorrido já naquela época quando, pelo menos de acordo com uma tradição posterior, auxiliavam a população pobre e desamparada. A característica maternal da ursa, assim seria possível traduzir, tornou-se para eles um assunto político. Os mais fracos socialmente deveriam ser ajudados; eles deveriam encontrar amparo na proteção da autoridade, para que aos poucos desenvolvessem uma consciência que os levasse à autonomia e ao prestígio.

No simbolismo psicológico, também no sonho, o urso é visto, por outro lado, como corporificação de aspectos perigosos. De acordo com C.G. Jung, ele simboliza frequentemente os aspectos negativos de uma personalidade superior.

No entanto, embora ele possa ser perigoso, sua aparição é também uma imagem da concretização de forças anímicas almejantes: algo indeterminado quer tomar forma. A pessoa que sonha encontra-se, dependendo do contexto, também sob a proteção de uma maternidade ursina.

O urso de pelúcia Teddy

O que, porém, aconteceu para que o urso, o antigo inimigo mortal do ser humano, tenha se tornado o animal favorito das crianças – esse animal aterrorizante, proveniente das estepes da Sibéria, das florestas do Canadá, do Alasca e de todo o continente americano, das florestas das regiões montanhosas da Europa, dos Cárpatos até os Alpes, que pode matar seus adversários com um golpe de sua pata? O urso-pardo tornou-se um animal doméstico. Levou milhares de anos até chegar a esse ponto, e provavelmente ele teria permanecido um animal da floresta, das lendas e dos mitos, se não tivesse ocorrido um encontro entre ele e um presidente norte-americano. Esse presidente deveria matar um urso, mas não o fez, porque as circunstâncias eram desonrosas, absolutamente não cinegéticas. O presidente chamava-se Theodore Roosevelt e tomou posse em 1901, como 26º presidente dos Estados Unidos da América. Roosevelt era republicano, um político versátil e inovador. Ele se empenhou pela justiça, melhorou as condições laborais, regulamentou o tempo de trabalho e combateu a exploração dos trabalhadores. Ele foi o primeiro presidente a receber um negro para uma conversa na Casa Branca. Na política externa, revelou-se um diplomata talentoso, e em virtude do papel desempenhado nas negociações de paz no conflito entre a Rússia e o Japão, recebeu o Prêmio Nobel da Paz em 1906. Seus méritos em diversas áreas, entre elas também a proteção ambiental – ele criou vários parques nacionais –, renderam-lhe tanta simpatia que teve a honra de ter o rosto esculpido, juntamente com seus antecessores

George Washington, Thomas Jefferson e Abraham Lincoln, no monumento em granito do Monte Rushmore, no estado de Dakota do Sul. Dali, do *Shrine of Democracy*, seus olhos vigiam para sempre o país, ainda que isso represente uma ofensa para os índios Lakota, que desse modo veem destruído o seu monte sagrado.

Apesar de todos os seus grandes feitos, Theodore era chamado carinhosamente de "Teddy". No ano de 1902, durante uma missão política no Mississipi, ele foi convidado por um anfitrião para uma caçada. Ele desejava abater a tiro um urso. Infelizmente, naqueles dias não se conseguia detectar nenhum urso nas imediações, de modo que havia o risco de se passar um vexame diante do presidente. Por fim, os auxiliares da caçada arranjaram de algum lugar um jovem urso. Eles o amarraram a uma árvore e o ofereceram ao presidente, que já estava um pouco cansado e decepcionado, para que o abatesse. Como nobre caçador, porém, Roosevelt se afastou chocado e deixou a área de caça.

Esse episódio se espalhou, e logo o caricaturista Clifford K. Berryman desenhou essa cena para o Washington Post. A imagem do presidente se afastando de um pequeno urso engraçado que ele não quis matar teve grande repercussão. O ursinho agradou os leitores, que queriam ver mais e mais imagens de ursos. E, a partir de então, todos os possíveis artigos sobre o presidente traziam também um ursinho engraçado e roliço. Os dois se tornaram um par.

Dos Estados Unidos a Margarete Steiff com a marca *Knopf im Ohr*

O fabricante de brinquedos americano Morris Michtom confeccionou, com base em uma dessas ilustrações, o primeiro urso de pelúcia e recebeu a permissão do presidente de chamá-lo de "Teddy's Bear".

Ora, nessa época já existia também na Alemanha a conhecida fabricante de brinquedos Steiff, a qual produzia animais de pelúcia que, a partir de 1904, traziam a marca de qualidade *Knopf im Ohr*: os animais da Steiff. Richard Steiff, um sobrinho de Margarete Steiff, a fundadora da empresa de Giengen an der Brenz, estava no ano de 1902 justamente desenvolvendo um pequeno urso flexível, que pudesse ficar sentado, em pé, mover os braços, virar a cabeça e, assim, concorrer para valer com os bonecos até então preferidos. Além disso, a nova figura do urso tinha uma pele e era por isso muito mais aconchegante do que os bonecos com sua rija aparência de porcelana e corpo de couro.

Através de encontros comerciais em feiras internacionais de brinquedos, sucedeu-se uma troca dos ursos de pelúcia, e eles receberam um nome comum. De Teddy's Bear a Teddybär não havia uma grande distância, ainda que cada um dos fabricantes mantivesse uma história de surgimento própria.

Entrementes, os ursos Teddy existem em todos os tamanhos e modelos. O menor do mundo tem cinco milímetros e ainda assim é completamente flexível. Ele é procedente da Alemanha e pode ser visto no museu *A World in Miniature*, em Carlisle, na Inglaterra. Uma coisa, porém, todos os Teddys têm em comum: eles descendem do urso-pardo.

Domesticado dessa maneira, o Teddy é o mais novo dos animais domésticos. Ele existe somente há cerca de 100 anos. Hoje não se consegue imaginar um quarto infantil sem ele.

O urso Teddy como um amigo

Especial no urso Teddy é que ele corporifica o que nós designamos de amável, aconchegante, bondoso, fofo, roliço, engraçado, tenro e afável, e que corresponde às preferências de nossa percepção. Ele é, no sentido mais verdadeiro, infantil, sem corresponder exageradamente ao esquema-criancinha, como é o caso, por exemplo, nas figuras de Walt Disney. O urso Teddy tem uma cabeça redonda com orelhas redondas, também uma barriga redonda, mas não tem uma testa de bebê arqueada para frente, não tem bochechinhas nem olhos muito grandes e arregalados com pestanas inocentemente abertas, ele não tem lábios de bebê que mama ou que está amuado. O urso Teddy é e permanece um urso, um animal com sua dignidade, ainda que privado de sua periculosidade como animal na natureza.

O urso Teddy tem uma face de urso, um focinho, ele pode ficar em pé e executar quase todos os movimentos e posições corporais de um ser humano. Ele consegue usar seus braços como apoio quando há algo para segurar, uma mamadeira, por exemplo. Seus braços e pernas flexíveis permitem vestir calças e passar uma blusa pela sua grande cabeça e um casaco de abotoar por cima. Só o uso de bonés é um pouco mais difícil, eles já precisariam caber sobre as orelhas. Quando se aperta a barriga do urso, ouve-se um bramido, nenhum grasno, mas um bramido típico de um urso. Quem conhece os ursos sabe o que ele quer dizer. Ele adora coisas doces. O urso Teddy olha para a pessoa como se a entendesse inclusive sem grandes explicações. Ele é, dito em uma palavra, um amigo.

Não surpreende, portanto, que existam muitas histórias e livros infantis com ursos: histórias de aventura, de relacionamento e de desenvolvimento. Nelas se trata do próprio urso ou do urso como fiel companheiro de uma criança, que precisa de conselho e de apoio em situações difíceis ou divertidas. O urso é um amigo com quem ela compartilha seus pensamentos, se admira com o mundo e encontra solução para os problemas. O urso é inteligente, ele sabe das coisas melhor; ou ele é ingênuo, e nesse caso a própria criança pode se sentir inteligente ao lado dele, brincar com ele ou dar conselhos para ele. Às vezes, o urso é ambos ao mesmo tempo. Ele é corajoso e inventivo, ele é forte e protege seu amigo. Ele gosta de comer mel.

A série de histórias de ursos se perde de vista. *O ursinho* (23) apresenta cenas a partir do ambiente de segurança dos quartos infantis burgueses, onde a mãe ursa, entre outras coisas, equipa o pequeno urso, quando ele quer voar para a lua. Tocante é também a história *Der Bär, der ein Bär bleiben wollte* [O urso que queria continuar um urso] (24), de Jörg Steiner e Jörg Müller, em que um urso tem de lutar pela sua identidade na sociedade moderna e teme pela perda de seu ambiente de vida natural, pois a caverna em que hiberna está ameaçada pela construção de um novo edifício. No livro *Das Bärenwunder* [O milagre dos ursos] (25), de Wolf Erlbruch, um urso se pergunta como é que afinal surge um filhote de urso, se não é com o auxílio da cegonha ou, como no caso das galinhas, através de um ovo. Uma querida mulher ursa se aproxima dele e lhe explica sem palavras. E ainda há o grande urso peludo de Janosch que se faz forte e tira seus amigos de todas as dificuldades nas quais ele mesmo está metido. Mas ele consegue – com o auxílio de uma cadeirinha vermelha na qual ele sobe para causar uma impressão ainda mais tremenda.

Tudo teve início mesmo com *Winnie-the-Pooh, O Ursinho Puff* (26), o urso de um livro infantil entrementes muldialmente famoso, criado por Alan Alexander Milne para seu filho Christopher Robin. Como amigo favorito entre outros animais de pelúcia, que participam das histórias, Puff é um urso bondoso, rechonchudo, que tem ideias curiosas e às vezes também compõe poemas de ocasião. Juntamente com Puff, pode-se refletir profundamente sobre o mundo.

Outro urso famoso de livro infantil, Paddington, surgiu cerca de 30 anos mais tarde. Ele é uma criação de Michael Bond, que o provê de um olhar inocente e crítico sobre a vida dos adultos, exatamente como é percebida na perspectiva das crianças. Ele é um urso com boas maneiras, e, claro, também sabe falar. Ele tem uma predileção por geleia. Repetidamente, ele se mete em confusões, com as quais deixa a família apreensiva. Esse pequeno urso pertence a uma menina, a Judy, cujos pais o apanharam na estação de trem de Paddington em Londres, onde ele fora abandonado com um cartaz pendurado no pescoço: "Please look after this Bear, thank you".

Nessas histórias, o urso e a criança são amigos inseparáveis. Ou seja, trata-se de histórias com o urso como parceiro de relação em vez de histórias sobre os ursos.

O urso Teddy auxilia

É provável que se trate de um acaso que ambos os nomes dos ursos desses livros infantis mais antigos – Winnie the Pooh e Paddington – lembrem o pediatra e psicanalista Donald W. Winnicott (1896-1971), que apresentou o urso Teddy como um assim chamado objeto transicional na psicologia do desenvolvimento. Winnicott trabalhou com crianças com distúrbios psíquicos em um hospital infantil no Centro de Saúde de Paddington Green. Juntamente com Melanie Klein, Margareth Mahler e outros psicanalistas, ele está entre aqueles terapeutas infantis que logo cedo reconheceram que, no caso de distúrbios psíquicos na idade infantil (e também mais tarde), a relação entre a mãe e a criança tem de ser objeto de consideração. Nesse contexto, ele desenvolve sua teoria do urso Teddy como um animal de relação que leva conforto à criança em crescimento, prestando-lhe um importante auxílio no desprendimento de sua mãe ou de outra pessoa de relação primária. É claro que o objeto transicional pode ser também um elefante ou algum outro animal, uma boneca ou até um paninho macio.

A questão central que Winnicott se colocou durante seu trabalho com crianças foi: Como é que, a partir de um bebê absolutamente dependente e completamente entregue à realidade, pode surgir gradualmente uma pessoa adulta que não tem de perceber a realidade como uma agressão ou uma ameaça para o seu sentimento de vida? É a pergunta pelas condições necessárias do cuidado maternal e da proteção da criança como criatura desamparada e nua. Como "parto prematuro psicológico" (27) o recém-nascido é efetivamente um marsupialzinho, ao qual deve ser proporcionado um longo e intenso cuidado pós-natal em um espaço de proteção extrauterina. Ali, porém, é preciso que se desenvolvam não só as estruturas de amadurecimento fisiológicas, mas também as estruturas psíquicas correspondentes, que levam a criança a uma primeira autonomia relativa.

Foram, entre outros, Margaret Mahler e seus colaboradores em Nova York, que pesquisaram a estrutura e o amadurecimento das competências psíquicas. Eles concederam à criança os três primeiros anos de vida para o seu "nascimento psíquico". Depois de três anos, segundo o resultado de suas pesquisas, a criança percorreu, além de todas as suas capacidades, como andar, comer autonomamente, falar, etc., inclusive as fases do amadurecimento psíquico. Com isso, ela alcançou certa independência anímica da mãe ou de outra pessoa de relação primária, de modo que pôde se dedicar ao seu ambiente, com todos os seus desafios, de maneira livre, aberta e crescentemente autoconfiante.

Durante esse período de amadurecimento, acontece uma inversão da percepção infantil. As experiências básicas da criança, como um ser que é exposto ao mundo a partir do sustento abrangente no útero, são marcadas em primeiro lugar pela dependência e pela impotência. Com auxílio de uma mãe, ou seja, de uma pessoa de relação primária, que acolhe, compreende e confirma as suas manifestações, o sentimento vital do bebê se transforma então em um sentimento de confiança e de competência primária, a assim chamada confiança primordial, em um sentimento de ser bem-vindo e amado e inclusive de poder intervir nos acontecimentos de modo autoeficaz. O desenvolvimento da confiança primordial depende de saber se a mãe é "good enough". Isso significa para Winnicott que dificilmente uma mãe algum dia poderá ser e agir de maneira inteiramente ideal; certamente, porém, pode tratar seu bebê da maneira mais sensível possível, para que ele nunca se sinta completamente abandonado e, por isso, entre em pânico. Daniel Stern criou aqui o conceito de sintonia afetiva entre a mãe e o bebê, que é responsável para que os sinais emitidos pelo bebê também sejam recebidos, correspondentemente respondidos ou até mesmo fortalecidos pela mãe. Como objetivo dessa primeira etapa da vida, quando a criança percorreu as fases decisivas do desenvolvimento relacional, considera-se certa independência e emancipação da mãe, a assim chamada individuação.

Margaret Mahler pressupõe, sobretudo, uma capacidade que é vista como base imprescindível para as fases seguintes: a capacidade de formação de símbolos. Desse modo, na primeira fase, o vínculo com uma presença corporal imediata ainda é indispensável. No decorrer da individuação, esse é suplantado por uma instância interior que lentamente se torna algo definido, uma imagem materna simbólica, que permanece estável e exerce influência ainda que a própria mãe esteja ausente. A criança adquire, com auxílio dessa imagem interior simbólica, que está permanentemente ativa nele, no sentido mais abrangente, um sentimento existencial que a tranquiliza, uma segurança e um sentimento de autoestima estável, que também é essencial para a capacidade de relacionar-se com novos parceiros no futuro. Em primeiro lugar, porém, trata-se da certeza interior de estar vinculado à mãe além de todas as fronteiras, ainda que ela não esteja presente de modo visível. Essa certeza possibilita à criança dar passos essenciais rumo à autonomia. Winnicott chama o brinquedo ou outra coisa à qual a criança se prende no processo de desenvolvimento, com o qual ela se conforta e assume uma ligação muito estreita como substituto da mãe real que vai se afastando, de objeto transicional. Frequentemente, é um urso Teddy.

O urso Teddy conforta

O urso Teddy, um boneco bem específico, um pano de chupar, um pedacinho de pele, algum outro animal de pelúcia – para a criança são coisas com vida. Eles cheiram a casa, a mãe, o leite ou a própria criança; eles são macios, e têm a importante característica de se expandir simbolicamente quando são preenchidos pelas fantasias coloridas da criança. Eles pertencem, em parte, à criança que se identifica com eles, e, em parte, pertencem à mãe, quando a criança as provê, na sua fantasia, com as qualidades maternais. Desse modo, o assim chamado objeto transicional se torna o espaço, o espaço intermediário entre a mãe e a criança. Winnicott fala de um "espaço intermediário", o que significa que nesse espaço a criança e a mãe se encontram de uma forma nova, mais abstrata.

Ao adormecer, por exemplo, quando é preciso abrir mão do controle sobre a realidade, ou seja, quando a criança não consegue mais controlar se a mãe está ali ou não, o Teddy desempenha a função confortadora de estar presente durante a noite inteira e segurar o braço da criança no lugar da mãe. Ele corporifica o princípio da proteção que abrange tudo, embora seja exatamente o contrário, pois é a criança que segura o braço do urso. Esse jogo aparentemente confuso "Eu sou tu e tu és eu; eu te dou o que tu precisas, pois isso é ao mesmo tempo o que eu preciso", é o jogo da fantasia de uma identificação recíproca. "Eu sou pequeno, mas ao mesmo tempo já sou bem grande, assim como a mãe, quando eu cuido de ti, pequeno Teddy."

Desse modo, o objeto transicional serve à ativação de uma crescente autorregulação. Ela ajuda a clarear a linha divisória entre eu e não-eu ou entre Si-mesmo e não-Si-mesmo, ao longo da qual a criança pode continuar amadurecendo. Ou seja, com o auxílio do objeto transicional dissolve-se gradualmente a ilusão de se poder manter para sempre a unidade inicial com a mãe.

O urso Teddy é tratado de modo correspondente à experiência infantil. Ele é elogiado, repreendido, alimentado, enrolado, às vezes puxado asperamente e girado agressivamente. Se ele aguenta isso? Um objeto transicional serve também para testar o próprio agir. Isso dói? Winnicott indica que é importante a forma como os pais acompanham a brincadeira, se mostram preocupação com o Teddy ou se apontam que ele talvez possa se machucar. Ele se lembra de um episódio da sua própria infância, em que lhe foi transmitido o sentimento da compaixão. Ele havia quebrado o nariz de porcelana de um boneco, pelo que seu pai o repreendeu, mas também com grande cuidado colou novamente o nariz. O ato de fazer-inteiro-novamente se transmitiu de modo terapêutico também para ele pessoalmente: seu boneco estava curado de novo; ele estava curado de novo. Ele lhe havia causado dor, mas o havia remediado juntamente com seu pai e desenvolvido compaixão pelo ser do boneco.

No entanto, às vezes, os pais têm uma intenção demasiadamente boa com bonecos, panos e animais já meio desfeitos, que são arrastados para todos os lugares. Eles querem vê-los limpos, não só repará-los, mas lavá-los e passá-los. Mas uma vez privado do cheiro específico, do olhar costumeiro, da antiga sensação do toque, o ser perdeu toda a sua magia de fetiche e em certas circunstâncias não é mais aceito pela criança. Certamente, requer uma superação empática quando se deixa a criança decidir completamente sozinha sobre seu "objeto" amado. Amado, capturado – o Teddy se torna cada vez mais pessoal. Boneco, girafa, elefante ou Teddy – o que seria do pequeno homem sem sua sociedade no período maravilhoso e ainda assim tão impeditivo dos seus primeiros anos!

Fica, porém, a questão de saber – abstraindo completamente da história do presidente, que também poderia ter caído no esquecimento – por que foi justamente o urso que conquistou tanta simpatia. É sua semelhança com o ser humano, seu andar ereto, sua possibilidade de agir com as patas como se fossem braços? Será que ele não é um ser humano bondoso vestido, fofo e engraçado, junto ao qual podemos nos aconchegar, porque é grande e forte como um urso e também sabe o que significa fome de urso? Será que ele não é uma mãe boa, uma pela qual se gostaria de ser segurado e apertado? Uma que sempre está aí, que sempre está disponível e não faz outra coisa a não ser cuidar pacientemente da sua criança urso? Repetidamente, lê-se sobre pessoas que ignoram os sinais de alerta sobre escalar altas cercas de jaulas e se jogar no meio dos ursos, possivelmente impelidos pela saudade materna animalesca.

Agora, porém, isso não é mais necessário, pois o atelier de *design* francês *Visionnaire* desenvolveu um sofá na forma de um urso. Aconchegar-se nele é menos perigoso.

 # Conclusão

Mais do que onze animais não cabem debaixo da capa do livro. É claro que ainda haveria muita coisa para contar, e outros animais podem ser tão próximos como aqueles dos quais tratei, como, por exemplo, o peixe, o rato, o ouriço ou o coelho, e muitos outros. Na realidade, eu queria inicialmente refletir e escrever somente sobre os nossos animais domésticos mais importantes, mas desse modo este talvez tivesse se tornado um livro sobre uma fazenda. O meu interesse principal foi a imagem do animal e o seu significado simbólico, e uma vez que na fantasia e nos sonhos não há limites, outros animais foram acrescentados. Além disso, inspiraram-me aquelas imagens de animais com as quais me deparei no trabalho com os meus e as minhas clientes na psicoterapia. Agradeço a todos que confiaram em mim e me cederam seus sonhos. Pelo mundo dos sonhos, aliás, andam como fantasmas inclusive animais que na realidade nem sequer existem. Porém, nesse terreno escorregadio eu não quis me aventurar.

Com os exemplos dos contos de fadas pretendo lembrar as histórias milagrosas provenientes de um acervo narrativo coletivo oriundo de épocas em que ainda não havia nada por escrito. Elas nos dizem respeito ainda hoje, porque abordam de forma codificada os conflitos básicos da vida humana e nos indicam possíveis caminhos para sair do enredamento. Na perspectiva psicológica, os contos de fadas frequentemente são histórias de desenvolvimento.

Agora, cabe a você, caro leitor, cara leitora, expandir a série de animais aqui abordados. Talvez você tenha uma relação bem especial com uma imagem de animal cujo significado queira saber. Nesse caso, espero que este livro lhe sirva de estímulo. E mais um aspecto, já mencionado na introdução: fantasias e sonhos são fugazes. Se alguém quiser reter alguma coisa deles, deve começar a pintar. Uma imagem pintada pode ser objeto de contemplação e de reflexão.

Referências

ASSMANN, J. *Tod und Jenseits im alten Ägypten* [Morte e salvação no Egito antigo]. Munique: C. Beck, 2003.

BACHMANN, D. *Die Vorzüge der Halbinsel* – Auf der Suche nach Italien [As vantagens da península – Em busca da Itália]. Hamburgo: Marebuchverlag, 2008.

BAUER, W.; DÜMOTZ, I. & GOLOWIN, S. *Lexikon der Symbole* [Léxico dos símbolos]. 21. ed. rev. Wiesbaden: Marix.

BEIT, H. *Symbolik des Märchens* – Versuch einer Deutung [O simbolismo dos contos de fadas – Tentativa de interpretação]. Vol. 1. Berna: Francke, 1952.

BIEDERMANN, H. *Knaurs Lexikon der Symbole* [Léxico dos símbolos]. Munique: Droemer Knaur, 1989.

BORNEMANN, E. *Sex im Volksmund* – Der obszöne Wortschatz der Deutschen [O sexo na linguagem popular – O vocabulário obsceno dos alemães]. Hamburgo: Rowohlt: 1971.

BREHM, A. *Brehms Tierleben* [A vida animal segundo Brehm]. Vol. 7: Die Kriechtier e und Lurche [Os répteis e batráquios]. 3. ed. rev. Leipzig/Viena: Bibliographisches Institut, 1900.

BÜCHMANN, G. *Geflügelte Worte* – Der klassische Zitatenschatz [Palavras aladas – As citações clássicas]. 3. ed. Munique: Ullstein, 2012 [Compilação e explicação de Georg Büchmann; continuação de Walter Robert-Tornow; edição de bolso sem modificações da 43. ed., com revisão e atualização de Winfried Hofmann].

CAMPELL, J. *O herói de mil faces*. São Paulo: Cultrix/Pensamento, 1949 [Trad. Idail Ubirajara Sobral].

COOK, R. *A árvore da vida* – Imagem do cosmos. Duque de Caxias: Del Prado, 1996.

COOPER, J.C. *Illustriertes Lexikon der traditionellen Symbole* [Léxico ilustrado dos símbolos tradicionais]. Wiesbaden: VNA, 2000.

DUVE, K. & VÖLKER, T. *Lexikon Berühmter Tiere* – 1.200 Tiere aus Geschichte, Film, Märchen, Literatur und Mythologie [Léxico dos animais famosos – 1.200 animais da história, dos filmes, dos contos de fadas e da mitologia]. Frankfurt am Main: Eichborn, 1997.

ERLBRUCH, W. *Das Bärenwunder* [O milagre dos ursos]. Wuppertal: Peter Hammer, 1992.

FRANZ, M.-L. *O feminino nos contos de fadas*. Petrópolis: Vozes, 2010 [Trad. Regina Grisse de Agostino].

GRIMM, J. & GRIMM, W. *Deutsches Wörterbuch* [Dicionário alemão]. 33 vol. Munique: DTV, 1999 [Reprodução fotomecânica da 1. ed.].

_____. A moça dos gansos. In: *Contos de Grimm*. Belo Horizonte/Rio de Janeiro: Villa Rica, 1994, p. 187-193 [Grandes Obras da Cultura Universal, 16] [Trad. David Jardim Jr.].

_____. Os sete corvos. In: *Os contos de Grimm*. 2. ed. São Paulo: Paulus, 1989, p. 205-206 [Trad. Tatiana Belinky].

_____. O pobre aprendiz de moleiro e a gatinha. In: *Os contos de Grimm*. 2. ed. São Paulo: Paulus, 1989, p. 177-179 [Trad. Tatiana Belinky].

JUNG, C.G. A aplicação prática da análise dos sonhos. In: *A prática da psicoterapia*. Petrópolis: Vozes, 2011 [OC, 16, § 294-352].

_____. *Psicologia e alquimia*. Petrópolis: Vozes, 2011 [OC 12].

_____. *Die Psychologie des Kundalini-Yoga* – Nach Aufzeichungen des Seminars 1932 [A interpretação psicológica do Kundalini Ioga – Notas do Seminário de 1932]. Zurique/Düsseldorf: Walter [Edição de Sonu Shamdasani].

_____. Obra completa (OC). 18 vol. Petrópolis: Vozes. 2011.

KAST, V. *A dinâmica dos símbolos* – Fundamentos da psicoterapia junguiana. Petrópolis: Vozes, 2013 [Coleção Reflexões Junguianas].

_____. *Märchen als Therapie* [Os contos de fadas como terapia]. 13. ed. Munique: DTV, 2012 [Edição integral].

KERENYI, K. *A mitologia dos gregos* – Vol. II: A história dos heróis. Petrópolis: Vozes, 2015.

LURKER, M. (org.). *Dicionário de Simbologia*. São Paulo: Martins Fontes, 2003.

MAHLER, M. *O nascimento psicológico da criança* – Simbiose e individuação. Rio de Janeiro: Zahar, 1986.

MEIER, C.A. (org.). *Wolfgang Pauli und C.G. Jung* – Ein Briefwechsel 1932-1958 [Wolfgang Paulo e C.G. Jung – Uma troca de correspondência, 1932-1958]. Berlim: Springer, 1992.

MILNE, A.A. *Pu der Bär* [O urso Puff]. Berlin/Grunewald: Williams, 1928 [Ilustrado por Ernest H. Shepard].

MINARIK, E.H. *O ursinho*. São Paulo: Companhia das Letrinhas, 2000.

MÜHSAM, E. *Zur Psychologie der Erbtante* – Satirisches Lesebuch 1900-1933 [Da psicologia da tia da qual se espera uma herança – Livro satírico, 1900-1933] Berlim: Eulenspiegel, 1984.

MÜLLER, J. & STEINER, J. *Der Bär, der ein Bär bleiben wollte* [O urso que queria continuar um urso] – Nach einer Idee von Frank Tashlin aus dem Amerikanischen nach- und umerzählt von Jörg Steiner [Com base numa ideia de Frank Tashlin, reprodução e reinterpretação por Jörg Steiner]. Aarau: Sauerländer, 1976.

PORTMANN, A. *Biologische Fragmente zu einer Lehre vom Menschen* [Fragmentos biológicos para uma doutrina do ser humano]. 2. ed. Basileia: Schwabe, 1951.

RANKE-GRAVES, R. *Griechische Mythologie* – Quellen und Deutung [A mitologia grega – Fontes e interpretação]. 18. ed. Reinbek bei Hamburg: Rowohlt, 2011 [Reedição em um volume].

RAVERA, L. *Porcos com asas*. São Paulo: Brasiliense, 1982.

RITTERHAUS, D. *Der Gott Federschlange und sein Reich* [A serpente emplumada de Deus e o seu Reino]. Friburgo im Breisgau: Aurum, 1982.

RÖHRICH, L. *Lexikon der sprichwörtlichen Redensarten* [Léxico das expressões proverbiais]. Friburgo im Breisgau: Herder, 1991.

SEEL, O. *Der Physiologus* [O fisiólogo]. 4. ed. Zurique/Munique: Artemis, 1983 [Tradução e comentários de Otto Seel].

SENDAK, M. *Onde vivem os monstros*. São Paulo: Cosac Naify, 2013.

WESSELSKI, A. (org.). Das Erdkühlein – Erzählung aus dem 2. Band der Gartengesellschaft von Martin Montanus, 1559 [A vaquinha da terra – Conto do 2º vol. da *Gartengesellschaft* de Martin Montanus, 1559]. In: *Deutsche Märchen vor Grimm* [Contos alemães anteriores a Grimm]. Brünn/Leipzig: Brohrer, 1938, p. 1-10 [Organização de Albert Wesselski; ilustração de Fritz Kredel].

WINNICOTT, D.W. Übergangsobjekte und Übergangsphänomene [Objetos e fenômenos transicionais]. In: *Psyche*, n. 23, 1969.

Notas bibliográficas

(1) Wesselski (1938).
(2) Sendak (2013).
(3) Cf. Röhrich (1991), p. 735.
(4) Cf. Beit (1952), p. 454.
(5) Grimm (1994).
(6) Portmann (1951), p. 44.
(7) Cf. Mahler (1986), p. 142.
(8) Mühsam (1984), p. 20.
(9) Ravera (1982).
(10) Kerenyi (2015).
(11) Grimm (1989).
(12) Cf. Jung. *OC* 7, § 331.
(13) Brehm (1900).
(14) Grimm (1981).
(15) Bachmann (2008), p. 139.
(16) Cf. Bornemann (1971).
(17) Seel (1983).
(18) Franz (1977), p. 120.
(19) Grimm (1989). Tradução modificada [N.T.].
(20) Franz (1977), p. 114.
(21) Ibid., p. 15.
(22) Cf. Biedermann (1989), p. 51.
(23) Minarik (2000).
(24) Müller & Steiner (1995).
(25) Erlbruch (1992).
(26) Milne (1928).
(27) Portmann (1951), p. 44.

Coleção Reflexões Junguianas
Assessoria: Dr. Walter Boechat

- *Puer-senex – Dinâmicas relacionais*
Dulcinéa da Mata Ribeiro Monteiro
(org.)
- *A mitopoese da psique – Mito e
individuação*
Walter Boechat
- *Paranoia*
James Hillman
- *Suicídio e alma*
James Hillman
- *Corpo e individuação*
Elisabeth Zimmermann (org.)
- *O irmão: psicologia do arquétipo
fraterno*
Gustavo Barcellos
- *Viver a vida não vivida*
Robert A. Johnson e Jerry M. Ruhl
- *Sonhos – A linguagem enigmática
do inconsciente*
Verena Kast
- *O encontro analítico*
Mario Jacoby
- *O amor nos contos de fadas*
Verena Kast
- *Psicologia alquímica*
James Hillman
- *A criança divina*
C.G. Jung e Karl Kerényi
- *Sonhos – Um estudo dos sonhos
de Jung*
Marie-Louise von Franz
- *O livro grego de Jó*
Antonio Aranha
- *Ártemis e Hipólito*
Rafael López-Pedraza
- *Psique e imagem*
Gustavo Barcellos
- *Sincronicidade*
Joseph Cambray
- *A psicologia de C.G. Jung*
Jolande Jacobi
- *O sonho e o mundo das trevas*
James Hillman
- *Quando a alma fala através do
corpo*
Hans Morschitzky e Sigrid Sator
- *A dinâmica dos símbolos*
Verena Kast
- *O asno de ouro*
Marie-Louise von Franz

- *O corpo sutil de eco*
Patricia Berry
- *A alma brasileira*
Walter Boechat (org.)
- *A alma precisa de tempo*
Verena Kast
- *Complexo, arquétipo e símbolo*
Jolande Jacobi
- *O animal como símbolo nos
sonhos, mitos e contos de fadas*
Helen I. Bachmann
- *Uma investigação sobre a imagem*
James Hillman
- *Desvelando a alma brasileira*
Humbertho Oliveira (org.)
- *Jung e os desafios contemporâneos*
Joyce Werres
- *Morte e renascimento da
ancestralidade da alma brasileira*
Humbertho Oliveira (org.)
- *O homem que lutou com Deus*
John A. Sanford
- *O insaciável espírito da época*
Humbertho Oliveira, Roque Tadeu
Gui e Rubens Bragarnich (org.)
- *A vida lógica da alma*
Wolfgang Giegerich
- *Filhas de pai, filhos de mãe*
Verena Kast
- *Abandonar o papel de vítima*
Verena Kast
- *Psique e família*
Editado por Laura S. Dodson e
Terrill L. Gibson
- *Dois casos da prática clínica de
Jung*
Vicente L. de Moura
- *Arquétipo do Apocalipse*
Edward F. Edinger
- *Perspectivas junguianas sobre
supervisão clínica*
Paul Kugler
- *Introdução à Psicologia de C.G.
Jung*
Wolgang Roth